JN104864

改訂版

仕事の常識
基本テキスト

株式会社キャリア総研 著

日本能率協会マネジメントセンター

はじめに

　企業は、「真のお客さま満足」を念頭に、お客さまに喜んでいただけるサービスや商品を提供することが求められます。そのためには、効率よく合理的に仕事を行い、お客さまのニーズに応えることが重要です。ニーズに応えることが、成果につながります。

　企業の使命は、利益を得て、継続発展し、社会に貢献することです。この使命をまっとうするために、働く者は、「いかに効率よく、効果的かつ合理的に仕事を行うか」を考え、実行しなければなりません。

　ビジネスでは「結果を出すこと」が求められ、そこで働くスタッフは業績の向上に貢献することを期待されます。

　社会環境は急速に変化し、それに伴い、仕事の現場も変わってきました。それに合わせ、このたび改訂版を発刊いたしました。

　本書は、仕事を行うにあたって、知っておくべきことをわかりやすく記述しています。初版と同様にイラストを用いて親しみやすくし、Q＆Aで考え、箇条書きでわかりやすくまとめています。さらに、ワークでより深めて考えることができるようにしています。また、項目ごとに関連用語の解説を加え、わかりやすく、興味深く学んでいただけるように構成しています。

　学生の方には、就職活動や就職後のために、新入社員の方には、これからの仕事のために、また、社会人の方には、よりよい仕事をするための再認識として役立てていただければ幸いです。

　本書は、オフィスにおける基本マナーを学ぶ『改訂版　ビジネスマナー基本テキスト』、接客販売の基本対応を学ぶ『接客サービス基本テキスト』とともに、好評を得てきました。

　『改訂版　仕事の常識基本テキスト』を用いて、ビジネス実務の基本を学び、仕事に活かしていただけることを期待しています。

　本書の改訂にあたり、日本能率協会マネジメントセンターの方々のお力添えをいただきましたことを厚く御礼申し上げます。

2023年6月

株式会社キャリア総研

代表取締役　実成　尚子

第1章　仕事に取り組む前に知っておきたいこと

第2章　仕事への取り組み

第3章　ビジネス関連文書

第4章　仕事のスキルと知識

［別冊］解答例と解説

●本書の特徴

　本書は、ビジネスパーソンにとって最低限必要な「仕事の常識」を網羅したテキストです。新入社員の多くが経験するさまざまなビジネスシーンを想定し、ビジネス実務の疑似体験ができるしくみになっています。

　新入社員や就職活動を控える学生にも、ビジネス実務の基本がやさしく、しっかり身につきます。

●本書の紹介

　事例は、ある企業の1つの部署をモデルにしています。仕事の流れやチームでの取り組み方の参考にしてください。

　Q&Aで考えたりワークを行ったりする目的は、基本的な考え方と応用力を身につけることです。自分の日常業務（日常生活）に置き換えながら考えてみましょう。

〈主な登場人物〉

新入社員：三田さん　　新入社員：山本さん　　入社2年目：佐藤さん　　入社2年目：桑島さん

入社3年目：木戸さん　　入社3年目：中西さん　　　　　課長

●別冊「解答例と解説」

　別冊は、「考えてみよう」と「ワーク」の解答例と解説を載せています。

　実際の仕事では、「考え方」の正解は1つではありません。会社の方針や状況によって変わることもあります。

　本書の解答は、あくまでも参考であり、ここで身につけた考え方を、実際の仕事でどのように応用するかが大切です。

●本書の使い方

1つの項目を左右見開き4ページで構成しました。

①ビジネスシーン（イラスト＋会話文）
↓
②シーンに関するクエスチョン
↓
③シーンに関するレクチャー
↓
④応用のワーク　で展開します。

ビジネスシーン

新入社員が入社後に体験すると思われるシーン（イベント）を、順次取り上げています。
まず、イラストから、その場面をイメージしてください。

会話例

シーンでの会話の例です。
「考えてみよう」のヒントにもなっています。

レクチャー

この項目で身につけるべき内容を解説しています。
「考えてみよう」やワークへのヒントになるとともに、ビジネス実務の基本として役立てられます。

脇　注

レクチャーに関する補足解説です。
あわせて読むことで、類似の考え方や発展的な考え方が身につけられます。

③ 自分の考えを上手に伝える プレゼンテーションの方法

「調査の結果、今もっとも求められているのは……」

三　田　「調査の結果、今もっとも求められているのは、駅前地域の観客拡大に重点をおいた施策であると思われます」

課　長　「概略と経費の点はわかった。しかし、現状の人員で実行は可能かな？」

三　田　「はい。人員につきましては、別紙資料に記載しております。セール期間、パート社員とアルバイトを10人雇用することを考えています」

118

レクチャー

プレゼンテーションの進め方

①導入として、自己紹介を行い、プレゼンテーションの目的と概要を説明します。

②聞き手に興味をもたせ、関心に訴えかけます。聞き手の反応を見ながら、重要な部分は強調して本論を展開します。

③聞き手に意図を明確に伝えるために、クロージングとして、内容を要約して結論を述べます。

プレゼンテーションを成功に導くポイント

●事前準備
内容とアピール点を整理し、必要なツールを用意します。

正確な内容　相手の要求を理解し、それに合致した内容を提示する。

論理的な筋づけ　主張を的確に表現して明確に結論づける。筋道立てて展開し、内容が一貫していることが必要。

具体的な表現　データや数字で具体的に示す。

●自信
態度や姿勢などパフォーマンスも工夫して、話し手の熱意と意欲を表現します。

●リハーサル
本番の時間配分のとおりに進め、結果について検討します。過不足があれば、本番に備えて改善します。

伝達力を高めるためのポイント
・伝えるべき内容を十分把握している。
・自分の意見や思いを伝える。
・自分の言葉で表現する。
・聞き手が理解できる表現を用いる。
・他者の意見の模倣や、メッセージの丸暗記、暗記の再現は避ける。
・聞き手の反応に合わせて、伝え方を工夫する。

プレゼンテーションの進め方

十分な事前準備
↓
導　入
↓
展　開
↓
クロージング

◆ プレゼンテーションでは、視覚に訴えかけると、よりわかりやすくなります。

パソコン
文字だけでなく、図や絵などが示せるパソコンのソフトなどを使ってみましょう。

図表
今後の流れや手順などを目に見える状態にすると、よりわかりやすくなります。たとえば、進行順序を図で表すフロー図があります。

（フロー図の例）

120

8

考えてみよう

Q1
次のプレゼンテーション手法の特徴をあげましょう。

手　法	特　徴
①プロジェクター上映	
②ホワイトボード記入	
③資料配布	
④実演（デモンストレーション）	

Q2
相手が納得できるよう効果的に話すには、どのようなことに気をつければよいでしょうか。

	注　意　点
内容	
態度・表情	
言葉づかい	
発声・語調	
話す速度	

用語解説
プレゼンテーション
……相手の行動を誘発するためのコミュニケーションの手法のこと。相手の事情に合わせて、限られた時間内に、自分の伝えたい内容を的確に表現して伝える。プレゼンテーションでは、パソコンやプロジェクター、パワーポイントなどのソフトウェアもツール（器具・道具）として用いられる。
クライアント…依頼人のこと。とくに、広告代理店などに依頼した広告主や得意先のこと。
クロージング…商談や打合せがまとまったあと、その会合を終わらせる方向に導く会話方法のこと。

119

考えてみよう

　シーンに関するQ&Aです。
　シーンに直接関係する問題と、シーンに関連する基本的な問題を取り上げています。

用語解説

　この項目に関連する覚えておきたい用語の解説です。
　「考えてみよう」とワークに取り組むさいや、レクチャーを読み進めるさいの参考にしてください。

ワーク

1. 次の文章をプレゼンテーション用に、わかりやすく箇条書きにしてみましょう。

「人事や労務に関する法律には、労働基準法、労働組合法、労働関係調整法があります。労働基準法にかかわる法律には、労災保険法、労働安全衛生法、雇用保険法、男女雇用機会均等法、育児・介護休業法、労働者派遣法などがあります」

2. 次の内容をわかりやすくするため、以下にフロー図で表しましょう。

「この商品をご注文いただく場合、ハガキ、電話、インターネットの3種類の方法があり、ご注文の方法によって発送の期日が異なります。ハガキをご利用の場合は約5日後、お電話の場合は2日後、インターネットでお申込みの場合は即日に発送いたします」

121

ワーク

　シーンおよび「考えてみよう」からの応用です。
　この項目で身につけた基本的な考え方を、実務でどのように応用するかが演習できます。

第1章

仕事に取り組む前に知っておきたいこと

学　　生　「私もそろそろ就職活動しようと思っているのですが、会社ってどんなところですか？」

会 社 員　「そうだね。やりがいがあって、毎日充実してるよ。でも、学生のときと違って、責任が重いし、結果が求められる」

学　　生　「へぇー。やっぱりそうなんですか……」

会 社 員　「きみは、何がしたいの？」

学　　生　「自分の個性を活かせる仕事をしたいと思っています」

会 社 員　「そうか。がんばれよ」

考えてみよう

Q1 学生のときには、大目に見てもらえていた言動でも、社会人になると認められないことが多くあります。どのようなことがあるか考えてみましょう。

	学　生	社　会　人
①言葉づかい	(例)・学生言葉・バイト言葉でもよい。	
②身だしなみ	(例)・自分の個性に合ったものがよい。	
③生活態度		
④あいさつ		
⑤その他 （　　　　）		

Q2 次の言葉をビジネスにふさわしいものに直しましょう。

ぼく、わたし　　　⇒

あなたは誰ですか　⇒

どうですか　　　　⇒

いいですよ　　　　⇒

わかりません　　　⇒

用語解説

キャリア……… 資格や職業と関連した経験だけを意味するのではなく、社会的活動、地域貢献活動、ボランティア活動など職業にかぎらず幅広い意味をもつ。仕事、コミュニティ、家族、友達などの組織の一員として、自分の能力を最大限に発揮し、自分自身の人生を生きていくこと。つまり、「自分らしい生き方」とは何かを意味する。

自己成長……… 組織への貢献を目的として、一定期間で自分の意欲、能力、行動、成果を期待されるレベルまでに自分自身で改善すること。そして、さらに時代や環境変化に対応するために、自ら新しい自分に進化していくこと。

モチベーション
…… 心理学から生まれた言葉。意味は、ある目標に向かってやる気を出すこと。

モラール……… 勤労意欲（労働意欲）、士気のこと。職場の労働条件や労働環境、人間関係などの影響で生まれる従業員の意識を指す。

レクチャー

責任をもつ

　学生と社会人（職業人）の違いを考えてみましょう。たとえば、時間の管理、言葉づかい、人間関係、立場、信用などさまざまな違いがあげられますが、ひと言で言うと「すべての行為に責任がともなう」ということです。

　学生のときは、「学生だから」と許されたり、保護者が守ってくれたり、自分が責任を負うことはなかったかもしれません。しかし、社会人になると、責任はすべて自分にかかってきます。

　同時に、一人の人間として、社会に対する責任も重くなります。「社会のなかの会社、会社のなかの自分」という存在を十分に考えたうえで行動しましょう。

人間関係のタテとヨコを意識する

　学生時代の人間関係は、友人とのヨコのつながりが主でした。家族も親しい間柄であり、タテのつながりは意識しないですんだでしょう。社会人になると、ヨコのつながりも同僚や他部署の人などと幅が広がります。それに加えて、社内や社外の上下関係、つまり、タテのつながりが大きなウエートを占めるようになります。タテのつながりとヨコのつながりの交わる点にいることを自覚しましょう。

学びを得る

　職場は、自己を成長させる「学びの場」でもあります。学生の間は、「お金を払って」勉強しますが、社会人は、「お金をもらって」勉強ができるのです。つまり、職場は、働く側が労働を提供することにより、報酬（給与）を得るだけではなく、働くために必要な専門知識や技術を身につけることができます。

自己のキャリアを養成する

　目先の仕事に追われるのではなく、仕事を通して、どのように自己実現していくかを考えましょう。目標をもち、先を見えて、責任感、自立心、自律心を養い、自身のキャリアを養成するように心がけましょう。

◆　学生言葉を使ったり、無責任な行動をしたり、いつまでも学生の延長であっては困ります。社会人としての意識と姿勢をもつことが大切です。
　そのためには、何よりも本人の自覚が必要です。学生と社会人の違いを課題にして、意識を変えるよう心がけましょう。

◆　「責任」について、しっかりとした認識をもつことが求められます。与えられた仕事や、自分の言動すべてに責任をもつよう心がけましょう。

◆　さらに、対人対応技術など、多くの学びを得ることができます。

ワーク

1. 社会人は、仕事の責任を果たすために心がけなければならないことがあります。
   下記の項目について、学生と社会人にはどのような違いがあるのか考えましょう。

	学　　生	社　会　人
① 立場と役割		(例)・チームの一員として仕事を進める。
② 責　　任		(例)・働くことに責任をもつ。
③ 信　　用		(例)・会社の「代表」として、周囲に受け入れられる。
④ 対 人 関 係		
⑤ 学　　習		

2. 上記を参考にして、あなたの社会人としての心がまえを具体的に述べましょう。
(例)・責任をもって仕事に取り組む。

② 働くって何？　仕事って何？

中　西　「どう、仕事はもう慣れた？」

山　本　「はあ、何とか。……あのー、中西さんも、最初は電話の応対とか資料の
　　　　整理ばかりしていたんですか？」

中　西　「そうだよ。私が新人のときは、電話取りを一生懸命したから、ずいぶん
　　　　うまくなったよ。それが、今とても役立っているんだよ」

山　本　「そうですか。でも、何で、新人は電話取りとか、資料の整理や顧客デー
　　　　タの更新とかなんですか？」

中　西　「山本さんは入社して、まだ1か月だよね。電話の応対とか、資料の整理
　　　　とか顧客データの更新をしているのには、理由があるんだよ」

考えてみよう

Q1 新人の山本さんが、電話の応対、資料の整理や顧客データの更新作業を任せられている理由は何でしょうか。

(例)・電話の応対や顧客データの更新作業を通じて、お客さまや取引先の名前を覚えるため。

Q2 山本さんは、これらの仕事に対してどのような姿勢で取り組めばよいでしょうか。

(例)・どのような仕事であっても、新人の勉強の機会と考え一生懸命取り組む。

Q3 中西さんは、営業の第一線で活躍しています。中西さんの新人時代の電話の応対などは、現在の仕事に、どのように役立っていると思いますか。

(例)・新人時代に身につけたビジネスマナーは、営業でも役に立っている。

用語解説

顧客データ…… 一度でも利用（購入）していただいたお客さま（個人または企業、団体）の情報を、パソコンやUSBメモリ、クラウドに保存しているデータのこと。

更新作業……… 情報やコンピュータなどを最新の状態に書き換えるために行う手順のこと。

17

レクチャー

仕事には目的がある

　新人のころは、毎日、電話の応対や資料の整理や顧客データの更新など、『雑用ばかりさせられているからおもしろくない』と考えている人が多いようです。自分に任せられたことが、どうでもいいような仕事だと思っているようです。

　しかし、会社は、高い人件費を使って、どうでもいいような仕事をさせるでしょうか？　たとえば、電話の応対や資料の整理、顧客データの更新などの仕事は、「どうでもいい仕事」ではなく、非常に重要な仕事なのです。

●電話の応対

　新人の場合、お客さまや取引先、関連会社などからの電話を受ける、取り次ぐということが多いものです。最初は、相手の会社との関係、相手の地位や、仕事の内容もよくわからないため、受け答えも難しいでしょう。しかし、かけてきた相手の名前とこちらの担当者の名前を必ずメモしておくようにすれば、誰がどのようなお客さまと取引しているかが、だんだんわかるようになります。

　そうすることで、お客さまのことや取引先のこと、会社や部署の業務全体もわかるようになるのです。そして、社外への窓口である電話応対のマナーも身につきます。

●資料の整理

　紙やWebのカタログからは、自分の会社はどのような製品やサービスを提供しているのかということが勉強できます。また、他社の資料は、ライバル会社はどのような製品を開発しているのかという情報の収集の手がかりにもなります。

　そして、皆が使いやすいように資料を整理することにより、全体の業務の効率が上がります。

●顧客データの更新

　機械的に作業をこなすのではなく、1件1件確認しながら進めることで、お客さまに関する知識や情報を得ることができます。

　基本ができて、はじめて本格的な業務を行えます。すべて自分が成長するための勉強と考え、手を抜かずに努力しましょう。

◆　データは、つねに最新情報が求められます。更新作業を通じて、さらにデータを見やすくするなど工夫をすることで、業務の効率化にもつながります。

ワーク

1. あなたにとって、「働くとは」どういうことですか。200字以内で記述してください。

〈ヒント〉自分の能力や満足に、どんな影響を与えるでしょうか？

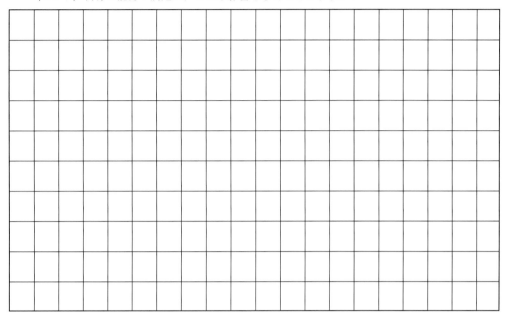

2. あなたはよりよい仕事をするために、どのようなことを心がけようと思いますか。200字以内で記述してください。

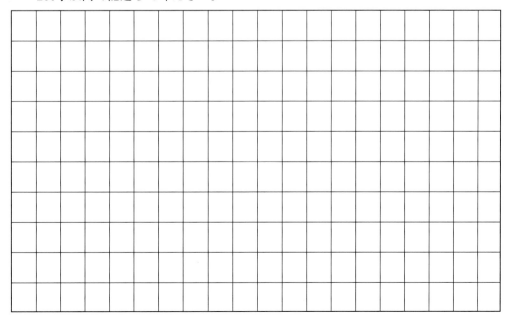

③ 求められる人材、企業がほしい人材

課　　長　「三田さんも入社して3か月目になるね。そろそろ一人で営業に出てもらお
　　　　　うと思っているんだ。しっかりがんばってくれよ！」

三　　田　「えっ?!　一人で営業するんですか？」

課　　長　「もちろんだよ！　自信なさそうじゃないか」

三　　田　「いえ、そういうわけではないんですが……。正直なところ、ちょっと不
　　　　　安で……」

課　　長　「最初は、皆そうなんだ。だから、営業に出る前に十分準備をするんだ」

三　　田　「はい。がんばります！」

Q1 三田さんは、なぜ不安なのでしょうか。

Q2 不安を取り除くために、どのような準備が必要でしょうか。

Q3 課長から一人で営業に行くように指示を受けた三田さんは、課長の意向をどのようにとらえて、業務に臨むべきでしょうか。正しいものをすべて選びましょう。

a．先輩に一緒に行ってもらうよう頼み込む。

b．自分で準備し、わからない点があれば課長に質問する。

c．先輩に初めて一人で営業に出たときのことを聞き、準備の参考にする。

d．勉強できるチャンスと考え、積極的に取り組む。

用語解説

営業（セールス）
…… 対面やオンラインによって、お客さまの希望・要望を聞き、商品を買ってもらうこと。または、店舗で商品を販売し、利益を得る目的で行う活動のこと。

エンプロイアビリティ
…… 個人の"雇用され得る能力"のこと。Employ（雇用する）とAbility（能力）を組み合わせた言葉。一般に転職できるための能力と、現在勤務している企業内において継続的に雇用され得る能力という2つの意味をもつ。

PDCAサイクル
…… Plan（計画）、Do（実行）、Check（検討・評価）、Action（改善策）の略で、業務管理の手法。これを繰り返すことによって、間違いのない確実な仕事を行える。また、次のステップへのよりよい成果を期待することができる。P.68参照。

求められる人材とは

　以前は、「会社が自分を守ってくれる」というような会社に依存した考え方や、「指示されたことだけを行う」という指示待ちでもよかったかもしれません。しかし、今は、そのような考え方は通用しません。「仕事を通して自らが成長し、自らが成長すれば、仕事の質も向上する」また、「仕事の質が向上すれば、会社も伸びる」という自立した姿勢が求められています。

　仕事に要求される知識やスキルは、仕事を通して、また、自助努力によって、自分で身につけなければなりません。その**自己開拓**の過程が自分を成長させ、結果的に、それが企業を支えることになります。

自己開拓の例
・業務に関する参考書を読む。
・業務に関係する資格を取得する。
・外国語を習得する。
・セミナーや勉強会に参加する。

積極的に前向きに取り組む

　仕事には、積極的に前向きに取り組みましょう。そうすることによって、あの人は熱心に仕事をする人だという評価をされます。

　仕事の評価が高まると、よりレベルの高い仕事を任せてもらえるようになります。新しい仕事を通して、新しい知識を習得し、技術を向上させることができます。すると、仕事は楽しくなり、やりがいも生まれ、人とのつながりも大きなものになります。

　そして、そこからまた新しい出会いが生まれ、新しい仕事につながるのです。自分で考え、創意工夫してよい結果を生むことで、より大きな成果を上げられます。より仕事が楽しくなり、喜びが生まれます。

　仕事は、自分の能力を発揮して自分を成長させ、自信につなげるもの、つまり**自己実現**への道なのです。

　求められる人材とは、責任をもって業務を行い、かつ、積極的に挑戦する人です。積極的に挑戦していく姿勢が、自分の夢を実現し充実した生活を送る源になります。

ワーク

1．企業では、どのような人材が求められるでしょうか。

2．自分の「仕事」を振り返り、今の自分には何が不足していると思いますか。

　＊場合によって、「仕事」を「アルバイト」などに置き換えて考えてください。

3．自分の「仕事」のチェックしてみましょう。

　＊場合によって、「仕事」を「アルバイト」などに置き換えて考えてください。

項　　　　　目	チェック
目的を理解して仕事に取り組んでいる。	
「お客さま満足」を意識して仕事に臨んでいる。	
仕事で要求される以上の結果を出すよう心がけている。	
仕事の締め切り期日を守っている。	
仕事中は余計な会話や必要以上のメールなどで時間のムダ使いをしない。	
目標を設定して仕事に取り組んでいる。	
組織の一員として、皆に協力している。	
自分の仕事に不必要な資料作りや同じミスを繰り返すなどのムダがないか考えている。	
コストを考えて仕事に取り組んでいる。	
仕事の効率を高めるよう心がけている。	
正確に仕事を進めるよう心がけている。	

④ 会社で働くために知っておくこと

木 戸 「私はいつも、会社は仕事を通して自分自身を成長させてくれるところだと思って仕事しているんだ」

佐 藤 「へえー、すごいですね。私は、生活のために働いていますよ。やった仕事に対して、その報酬として会社から給料をもらっているんですから」

中 西 「いや、会社は、商品やサービスを提供することで社会に貢献しているんだよ。その対価でわれわれが生活できているんだから、社会に感謝する場だよ」

考えてみよう

Q1 会社の基本的な役割は何でしょうか。

（例）・人々が望む商品やサービスを提供する。

Q2 あなたは、何のために「働く」のでしょうか。

（例）・収入を得るため。

用語解説

CS …………… Customer Satisfactionの略。顧客満足と訳される。自社の商品やサービス、接客の態度などいくつかの取り組みを通じて、顧客に事前期待以上の満足を与えること。

CSR ………… Corporate Social Responsibilityの略。企業の社会的責任を意味する。P.148参照。

会社の使命とは

　会社が存続するには、当然のことながら、利益（もうけ）を得なければなりません。ただし、何をしても許されるということではありません。

　会社は、お客さまの求める商品やサービスを提供し、その結果利益を得て、税金を納め、株主に配当します。その一方で、働きたい人々に働く場を提供します。

　会社の大きな使命は、利益を得て、発展し続けることにより、**社会に貢献する**ことです。そのために、会社はまず、お客さまの求めるよりよい商品やサービスを提供して、お客さまの満足を得なければなりません。売る側がどんなによいものであると思っても、買う側がよいと評価して利用しなければ、会社は存続はできないのです。

　会社での仕事は、「**お客さま満足**」から**スタート**します。

会社の社会貢献

　会社は、地球環境や社会課題の解決などへ貢献することを通して、社会的な責任を果たします。

●会社と社会と個人の関係

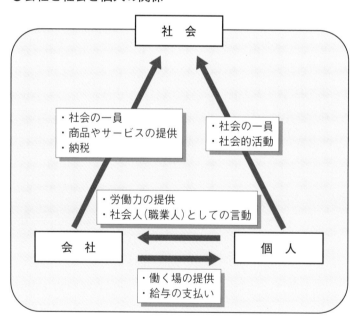

ワーク

1．会社が提供した商品やサービスによって、私たちの生活はどのように変わったで
　しょう。身近な商品やサービスを取り上げて考えてみましょう。

商品・サービス	変わったこと
①スマートフォン	
②オンラインストア	
③宅配便	
④生成AI	
⑤その他 （　　　　　　）	
⑥その他 （　　　　　　）	

2．会社が商品やサービスを提供すること以外に、社会に貢献できることには、どん
　なものがあるでしょうか。

（例）・スポーツ大会のスポンサーになる。
　　　・フェアトレードに取り組む。

3．個人が社会に貢献できることには、どのようなことがあるでしょうか。

（例）・ボランティア活動に参加する。
　　　・食品ロスをなくす。

⑤「自分がお客さまだったら」と考えよう

お客さま 「この間、いただいた企画書について確認したいことがあるのですが、木戸さんはいらっしゃいますでしょうか？」

桑　　島 「申し訳ございません。あいにく席をはずしております。すぐに戻ると思いますので、よろしければ、折り返しご連絡を差し上げるようにいたしますが、いかがでしょうか」

お客さま 「ああ、そうですか。じゃあ、お待ちしています」

桑　　島 「恐れ入ります。念のためにご連絡先をお教えいただけませんでしょうか」
（お客さまの連絡先を伺い、丁寧に電話を切る）

考えてみよう

Q1 昼の休憩時間になったので、昼食に出かけようとしたところ、お客さまが来社しました。どのように対応すればよいでしょう。正しいものをすべて選び、その理由を書きましょう。

　　a. 休憩時間であることを伝え、休憩時間を過ぎてから再度来てくださいと丁寧に申し出る。

　　b. すぐに、お客さまの対応をする。

　　c. 昼休みの担当者に引き継いでから出かける。

（　　　　）

【理由】

Q2 仕事中、見知らぬ営業の人から名刺を渡され、部長を呼んでほしいと言われました。部長は在社中ですが、どのように対応すればよいでしょう。正しいものを1つ選び、その理由を書きましょう。

　　a. アポイントメントの有無と用件を確認し、必要であれば取り次ぐ。

　　b. 知らない人なので、まず上司に取り次いで上司に任せる。

　　c. 知らない人なので、部長は外出中であると伝え丁寧に断る。

（　　　　）

【理由】

用語解説

アポイントメント
　　…… 相手先との会合・面談の約束のこと。アポと略されることもある。

ワン・ツー・ワン（one to one）
　　…… 一人ひとりのお客さまに合わせて対応すること。もとは、お客さま一人に対して、一人が対応することからきている。さらに、マーケティングの手法として活用されている。P.131参照。

B to B …… Business to Businessの略。企業と企業との取引のこと。

B to C …… Business to Customerの略。企業と個人（消費者）との取引のこと。

レクチャー

「顧客意識」をもって仕事に取り組む

会社にとって、「利益を得る」ことが重要なのは本章4「会社で働くために知っておくこと」で学びました。そのためには、お客さまが求める商品やサービスの提供が求められます。

また、一度利用したお客さまをリピーターにするためには、会社は、お客さまが望んでいる以上のものを提供し、お客さまの十分な満足を得なければなりません。そうすることによって、お客さま本人が再度利用するだけでなく、他人に紹介し、あらたなお客さまを連れてきてくれるのです。お客さまが満足することによって、その成果として利益が生まれます。

このように、仕事に臨むにあたっては、どのような業種や職場であっても、**お客さまが満足する**ことを第一に考えます。常にお客さまの立場で考え、仕事を行うことが求められます。

目標を定めて仕事に取り組む

お客さま満足を得るために、よりよい仕事を行うには、まず**目標を定め**、その達成に向かって**努力する**意識が大切です。

目標に向かって仕事をしていくなかでは、何か問題はないか、**問題があればどのように解決・改善していくかという意識**をもちます。また、仕事にかかわる**コストや時間の節約**を考え、**仕事の期限を守る**ことが大切です。

目標達成のために、**組織のパワーを結集する**という協調意識を発揮することが求められます。

その結果、仕事の質が向上し、商品やサービスの質も高まるのです。このことにより、お客さまは満足して購入し、それが利益につながるのです。

直接お客さまとかかわらない部署や、企画や製造に携わっていない部署であっても、自分の仕事の先にはお客さまがいるということを念頭におきましょう。そのうえで、仕事に取り組むことがよりよい仕事につながります。「お客さまの満足を考えて仕事をする」という意識をつねにもちましょう。

仕事の質を高める8つの意識とポイント

顧客意識：
お客さま満足を考えた対応

品質意識：
要求条件以上のものを提供

納期意識：
期日を守ることが信頼の源（みなもと）

協調意識：
意識統一し協力すれば倍の力

目標意識：
達成のためのゴール設定

改善意識：
問題点は改善が必須

コスト意識：
成果を生むための生きたお金の使い方

時間意識：
効率的な時間の費やし方

その他の仕事に必要な意識とポイント

問題意識：
より上をめざすことによる問題の発見

安全衛生意識：
快適な職場環境づくり（事故防止、健康被害の防止、メンタル不調の防止など）

ワーク

1. 自分の仕事を振り返り、チェックしてみましょう。

※場合によって、「仕事」を「アルバイト」などに置き換えてください。

項　　　　　目	チェック
お客さまの満足度を高めようとする意識をもって、仕事に取り組んでいる。	
お客さまと積極的にコミュニケーションをとるようにしている。	
お客さまがどのようなことを望んでいるかを把握するようにしている。	
商品やサービスを提供するだけではなく、満足感を与えるように心がけている。	
お客さまの要求を満たし、期待に応えるよう対応している。	
お客さまの都合を最優先するよう対応している。	
お客さま一人ひとりに、「ワン・ツー・ワン」の対応を心がけている。	
お客さまの要望でも、法律に反することはしない。	
お客さまの立場に立って、お客さまの気持ちを理解しようとしている。	
お客さまの要望を的確に理解するために、質問を効果的に行っている。	

2. お客さまの求めていることと異なるサービスを提供すると、どのようになるか、考えてみましょう。

〈ヒント〉あなたは暑くて、冷たい飲み物がほしいと思っています。冷たい飲み物を頼んだら、店員は「こちらの商品は、極上でとてもおいしいです。熱くして召し上がっていただくのがよいので、ホットでどうぞ」と勧められました。どう思いますか？

【参考】ワンランク上のサービス

　お客さまの真のニーズ（潜在ニーズ＝隠された要望）を聞き出して、把握したうえで提案することにより、より上のサービスを提供することができます。そのために、お客さまの抱える問題をとらえ解決していくコンサルティングサービスという手法を用いることがあります。

6 給料はどこからもらう？

課　　長　「昨日ABC産業を訪問するのにタクシーを使ったんだね。どうして？」

佐　　藤　「はい、会社を出るのが少し遅れたんです。バスだと約束の時間に間に合わなくなったものですから。あそこは、バスの本数が少なくて」

課　　長　「困るな、タクシーを使うなんて。バスで行けば210円だぞ。それなのに、タクシーで1,200円じゃないか。ムダな経費を使わないように考えているかい？」

佐　　藤　「はい。でも、約束の時間に遅れないようにしようと思いましたので……」

課　　長　「余裕をもって動かないとね。ウチの会社の利益率はおよそ5％だ。余計に使った1,000円を稼ぐのに、いくらの売上が必要なのか、わかるかい？」

考えてみよう

Q1 たとえば、衣料品販売店の場合、1,000円の利益を得るには、いくらの売上が必要なのでしょうか。利益率5％として考えましょう（ただし、消費税はかからないとします）。

＿＿＿＿＿＿＿＿＿＿＿＿＿＿＿＿＿＿＿＿＿＿＿＿＿＿＿＿＿＿＿

＿＿＿＿＿＿＿＿＿＿＿＿＿＿＿＿＿＿＿＿＿＿＿＿＿＿＿＿＿＿＿

＿＿＿＿＿＿＿＿＿＿＿＿＿＿＿＿＿＿＿＿＿＿＿＿＿＿＿＿＿＿＿

＿＿＿＿＿＿＿＿＿＿＿＿＿＿＿＿＿＿＿＿＿＿＿＿＿＿＿＿＿＿＿

Q2 ある人の年収が300万円であり、今期の成績で利益を300万円上げたとします。次の考え方のうち適切なものを1つ選びましょう。

a. 『300万円の利益を得たので、今期は年収分は働いた』

b. 『給料以外に、自分には人件費としてさまざまな経費がかかっている。だから、年収以上の働きをしなくてはいけない』

c. 『今期はすでに300万円の利益を得たので、会社も十分と考えているだろう』

用語解説

売上……… 単価いくらの商品やサービスをどれだけ売ったか、これらすべての合計。

コスト…… 人件費、材料費、宣伝費、光熱費など、会社の事業活動や運営に必要な費用のこと。広い意味で経費ともいう。この部分を最小限におさえることが利益を大きくすることにつながる。

利益……… 売上から原価を差し引いた残りの額を売上総利益（粗利益）といい、そこから販管費等を引いた額を営業利益という。営業利益からさらに営業外の収益を加え、営業外の費用を引いた額を経営利益という。関連用語はP.135参照。

利益率…… 売上に占める利益の割合。この割合が大きいほど良好な経営状態といえる。

レクチャー

経費を意識する

　自分なりに一生懸命、営業活動をしているつもりでも、経費を意識して仕事をしなければなりません。

　仕事をするには、さまざまな経費がかかります。働く一人ひとりが、「経費をムダにしないようにする」という意識をもつことが、重要です。

ムダな経費を使わない

　時間を有効に使うことも、経費をムダにしないことにつながります。時間に遅れそうだから、タクシーを利用というのは好ましいとはいえません。バスの便がよくないのであれば、それに合わせて会社を出る時間を決めるなど、仕事の段取りをすることが必要です。

　事務用品を大切に使う、光熱費の削減、余計な書類作成をしない、オンライン会議の活用により不必要な外出や出張をしないなど、経費の節約が求められます。

仕事と給料

　人件費の内訳は、給料以外に、賞与、退職金、社会保険の会社負担分、福利厚生費、教育費、採用にかかった費用などがあります。給料の約2分の1の費用がかかるといわれています。実際には、人を採用すると、人件費以外にも、事務机、いす、パソコン、電話機、文具、名刺など、さまざまな備品へのお金がかかります。

　会社全体でこれらの合計額を上回る利益を確保できるように、仕事の成果を上げなければならないのです。直接利益を生まない部署で仕事をしている場合でも、このことを意識しなければなりません。

　「給料はどこから？」いう意識をもって、働くようにしましょう。

ワーク

経費が節約できるものには何があるでしょうか。考えてみましょう。

①営業関係

（例）・遠方との打合せの場合には、必要に応じてオンラインを用いる。

②事務関係

（例）・会議用の書類などは、できるかぎりデジタル化して配信する。

③製造関係

（例）・不具合のある製品を作らないようにする。

④販売関係

（例）・包装をリユースできるものにする。

⑤その他

（例）・必要以上の物品の調達をしない。

7 会社について知っておこう！

課　　長　「学生時代の友人が、起業したらしいんだ。株式会社は、資本金１円で設
　　　　　　立できるからね」

三　　田　「えっ?!　資本金１円で株式会社をつくることができるんですか」

課　　長　「そうなんだよ。株式会社の資本金は、1,000万円以上と決まっていた時代
　　　　　　もあったけれどね。それに、同じ株式会社といっても、規模に差があるん
　　　　　　だよ」

三　　田　「一人でも株式会社をつくることができるって聞きましたが……」

課　　長　「そうだよ。法人化していない個人事業というものもあるよ」

考えてみよう

Q1 会社の特徴について、間違っているものを1つ選びましょう。

　　　a．株式会社…株式を発行して出資を募り、出資者により委任された経営者が実際の経営を行う。

　　　b．合同会社…出資割合にかかわらず、利益や権限の配分が可能であり、社員全員の同意により意思決定を行う。

　　　c．合名会社…社員の責任形態は有限責任であり、自分が出資した額以上の会社の債務を返済する義務はない。

Q2 会社組織に求められることとして、適切ではないものを1つ選びましょう。

　　　a．経営理念

　　　b．自社が持つ強み

　　　c．働きやすい労働環境

　　　d．従業員の行動指針

　　　e．保守的思考

用語解説

起業……… 自ら会社を起こし、新たに事業を手がけること。創業ともいう。その担い手を起業家（アントレプレナー）と呼ぶ。

資本金…… 株式会社が株式を発行し、払込みを受けた金額のうち資本金として繰り入れた額のこと。P.139参照。

合同会社… 出資者と経営者が同一になる形態の会社。日本版LLC（Limited Liability Company）とも呼ばれる。

個人事業… 法人を設立せずに自ら営む事業。税務署に「開業届」を提出して事業開始の申請をすれば、個人事業主として独立したとみなされる。

有限会社… 2005年成立、2006年施行の会社法により、有限会社の制度がなくなり、新たな設立はできなくなった。現在も存続する有限会社は「特例有限会社」である。

レクチャー

株式会社のしくみ

●株主

会社は株式を発行し、事業の賛同者から資本の提供を受けます。資金を出した賛同者は、「株主」となります。

株主は、会社が得た利益のなかから出資の比率に応じて配当金を受け取ります。

●有限責任

株主は、自ら出資した分だけの責任を負います。これを「株主の有限責任」といいます。

●会社の活動

会社は、集まった資金を活用して、自社製品の製造に必要な資材やサービスの開発に必要なものを購入して製品やサービスをつくります。そして、製品を消費者に販売したり、サービスを提供したりします。

「ヒト、モノ、カネ、情報」という経営資源を活用して、市場が満足する商品やサービスを提供することによって利益を得ることが、会社活動の基本になっています。

●会社の組織

会社は、業務を細分化して社員に割り当てる「分業」のしくみで活動を行います。

一般的に、会社組織は「階層別」と「業務別」の2つの構造から成り立っています。

（階層別組織の一般的な例）

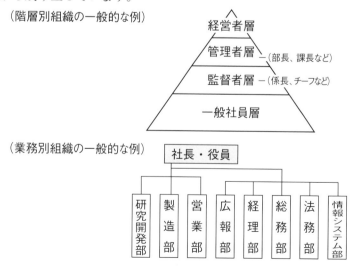

（業務別組織の一般的な例）

会社組織に求められるものの例

経営理念：
会社の存在意義をまとめ、会社のあるべき姿を明文化したもの

会社が持つ強み：
会社の強みとなる、世の中に提供する商品やサービスなど

働きやすい労働環境：
よりよい仕事をするための、従業員が働きやすい環境

従業員の行動指針：
経営理念を実現するために、従業員が取るべき行動の規範

1. 株式会社の特徴をまとめてみましょう。

項　　目	特　　徴
①株主	
②会社の活動	
③その他 （　　　　　　　）	

2. 会社の組織はどのようになっているか、空欄に適切な語句を記入してください。

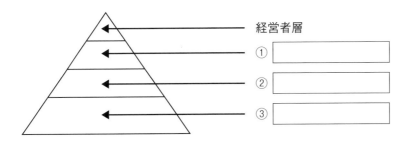

経営者層
①
②
③

3. 会社は「ヒト、モノ、カネ、情報」を活用して事業を行っていますが、それぞれの具体例を考えてみましょう。

項　　目	例
ヒ　　ト	(例)・社員
モ　　ノ	(例)・施設、設備
カ　　ネ	(例)・人件費
情　　報	(例)・顧客データ

8 「仲よし」ではない 仕事上の人間関係

木　戸　「A案、これはなかなかいいよね」

佐　藤　「そうは思わないな。少し奇抜だけれどB案のほうがおもしろいと思うよ」

中　西　「確かに、B案は色合いといい目を引くよね。その点、A案はこれまでと変わりばえしないな」

桑　島　「A案のほうがいいと思います。控えめなデザインが上品ですよ。だから、かえってめだつんじゃないかしら」

課　長　「皆さんは、普段仲がいいけれど、仕事のこととなると別だね」

考えてみよう

Q1 木戸さんの意見に対して、佐藤さんと中西さんが反論しています。反論に対し、どのような態度で応じる必要があるでしょうか?

Q2 職場にはさまざまな人がいます。苦手なタイプの人もいるかもしれません。よりよい関係を築くためには、どのような姿勢と態度で接すればよいでしょうか。

〈ヒント〉学生時代は苦手な人とは話さなくてもよかったですが、社会人はどうでしょうか?

用語解説

ヒューマンスキル
……… 対人関係力のこと。ヒアリング力(聞く力)、交渉力、プレゼンテーション力など、よりよい人間関係を構築するための能力。

コミュニケーション
……… 意思の伝達を図ること。各人がもっている情報、意見、感情などを、互いに伝え合うことをいう。また、情報を受け渡す行為を指すこともある。

協調……… お互いに協力し合うこと。とくに、利害や立場などの異なるもの同士が協力し合うことをいう。

分業……… 従来一人でやっていた仕事や、ひとまとまりの仕事を、複数の人で分け合って行うという考え方。

レクチャー

協働の姿勢

会社の目標を達成するには、効率よく仕事ができる体制が必要です。そのために、「分業」というシステムがあります。仕事を分担するために人を配置し、それぞれが役割に応じた業務を行うことによって、皆で結果を出すのです。これが会社組織です。

会社では、共通の目標に向かって、雇用形態、価値観、年齢、職歴、学歴、出身地などが異なるさまざまな人々がともに働いています。

働くスタッフは、皆その一員です。自分に与えられた役割を認識し、**ほかの人たちと協調して仕事に取り組む**姿勢が求められます。

組織のパワー

「協調する」とは、利潤を追求し、社会に貢献するという企業の使命を果たすために、そこで働く人全員が一丸となって力を合わせることをいいます。つまり、仲のよい人だけが間違った仲間意識をもって、ただ一緒に仕事をするという意味ではありません。成果を上げるために、**苦手な人とも力を合わせる**ことが求められるのです。

コミュニケーション

仕事の場におけるコミュニケーションとは、仕事を円滑に進め、成果を上げるためのものです。自分の仕事は、会社全体の成果につながっています。個々の仕事の成果が会社の成果となると考えると、個人の責任は重大です。自分勝手な判断はせず、**ほかの人の意見をよく聴き、積極的に協力する**意識と姿勢が必要です。

皆が協調して仕事に取り組むことによって、何倍も何十倍もの力を生むのです。

ワーク

1. 自分の仕事を振り返りチェックしてみましょう。
   ※場合によって、「仕事」を「アルバイト」などに置き換えてください。

項　　　　目	チェック
自分から進んであいさつしている。	
呼ばれたときは、元気よく返事をしている。	
つねにコミュニケーションをとり合い、よい人間関係を保っている。	
チームとして力が発揮できるよう、進んで協力している。	
報告や連絡は、欠かさずに行っている。	
指示や依頼は、積極的な態度で応じている。	
忠告は素直に受け入れ、改めるようにしている。	
相談できる先輩や上司がいる。	
目上や年上の人に対して敬意を払っている。	
ものごとを肯定的に考えるよう心がけている。	
苦手な人であっても、協力して仕事を進めている。	
同期の人はよきライバルと思っている。	
仕事を通して、幅広く人とつき合えるよう努力している。	

2. 誰かと協調して成し遂げたことを具体的にあげてみましょう。

（例）・学生時代、学園祭でクラス発表を行ったとき、地域の人に呼びかけて高齢者と
　　　子どもたちを招待し、大成功した。

⑨ 社外の人とのつき合い方

中　西　「久しぶり、野崎さん。3年ぶりかな？」

野　崎　「卒業以来だなぁ。中西さんはキャリア総合株式会社の開発室に勤めているんだったよね？」

中　西　「そうだよ」

野　崎　「聞いたよ。今度、中西さんの会社からすごい新商品が出るんだってね。これまでのとは何が違うの？」

中　西　「（あの開発中の商品のことだ。機密事項だから話せないよ……。）
　　　　僕はかかわってないから、詳しいことは知らないんだ」

Q1 以前から親しいお客さまに、「ウチに来るときは、スーツでなくてもいいよ。それに、そんなに丁寧な堅苦しい言葉づかいでなくていいよ」と言われました。どのようにするのがよいのでしょうか。

①服装

②言葉づかい

Q2 会社には、正社員ばかりではなく、派遣社員やパート社員もいます。このような人に対しては、どのように接するべきでしょうか。また、その理由も考えてみましょう。

①どのように接するか

②理由

用語解説

出向……… 会社に籍を残したまま、社外の組織（子会社、関連会社、提携先など）へ人事異動すること。

転籍……… 異動した組織（子会社、関連会社、提携先など）へ籍を移すこと。

会食……… 食事をとりながら、打ち合わせをしたり、親睦を深めたりすること。

接待……… 客をもてなすこと。担当者間の懇親のためや業務の打ち合わせを行うことや、飲食やゴルフ等でもてなすこともある。なお、見返りを求める接待は不可とする会社も多い。

社外の人との接し方

●守秘義務

　友人であっても、自社内部のことをむやみに話したり、自慢すべきではありません。働く人には、仕事で知った情報を外部にはもらしてはならないという義務があります。これを「守秘義務」といいます。

　機密事項ではなくても、会社で起きたことや仕事の内容にかかわることは、他所で他人に軽々しく話したりSNSなどで発信したりするのは控えましょう。社会人として、節度をもつことが大切です。

●取引先とのつき合い

　取引先の担当の方と親しくなった場合も、仕事を通した関係であり、個人的なつき合いとは違います。**親しい仲にも礼儀をわきまえ**、つねに**顧客意識**をもち、言動にも気をつけて接することが求められます。

●会食の心得

　お客さまや取引先から会食の招待があったときは、上司に伝えて承諾を得ることが必要です。人間関係を円滑に保つためにもよい機会ですが、招待の席は個人としてではなく、**会社を代表して出席する**ということを忘れてはなりません。

　近年は、接待を不可とする会社もあり、お断りする場合には、失礼がないよう対応します。いずれにしても、上司の許諾のもとに行います。

　お客さまや取引先の人を会食に招く場合、相手の好みに注意を払い、場所の選定にも気をつかいましょう。当日は約束の時刻よりも早めに到着し、相手を待つようにします。話を聞く側に回り、食事や飲み物を相手に勧め、場を円滑にしましょう。

　会食の場では、楽しい雰囲気をつくるよう心がけ、節度をわきまえた態度で臨みましょう。相手の話をよく聞いてあいづちを打ちます。また、誰もが興味をもつような話題をもち出して話ができるように、普段から多くの情報をもつことが求められます。

　招待を受けた翌日は、上司へも報告し、先方へはお礼を忘れずに伝えましょう。

ワーク

1．機密事項以外にも、自社の内部のことで、外部の人に言ってはいけないことがあります。どのようなことがあるでしょうか。

（例）・お客さまの名前や連絡先

| |
| |

2．外部の人に情報をもらした場合、どのようなことが起こると考えられるでしょうか。

項　　目	起こりうること
①顧客情報の場合	
②社内の個人情報の場合	

3．取引先とのつき合いでは、どのようなことに気をつければよいでしょうか。正しいものをすべて選びましょう。

a．取引先の満足が第一であるから、何でも言われたとおりにする。

b．不公平にならないよう、すべての取引先にまったく同じように接する。

c．親しい仲にも礼儀をわきまえて接する。

d．相手の興味に合わせ、社内のうわさ話をする。

e．つねに取引先への顧客意識をもって接する。

4．取引先やお客さまから会食の招待があった場合の心得をまとめましょう。

項　　目	心　　得
①取引先やお客さまに対して	
②社内に対して	
③自分の参加態度	

⑩ ルールとマナーで よい人間関係を生む

三　田　『電車の遅れが出ているよ。困ったな。このままだと遅刻するよ。会社に
　　　　連絡しておかなきゃいけないな。まずメールかチャットアプリで伝えて、
　　　　電話もしておこう』

三　田　（周りに気づかいながら、会社に電話をしている。）「申し訳ありません。今
　　　　出勤途中ですが、電車のポイント故障のため、遅れが出ています。出社が
　　　　15分ほど遅れそうですので、よろしくお願いします」

考えてみよう

Q1 始業時間と出社時間の違いを考えてみましょう。たとえば、あなたが勤務する会社は、午前9時始業だとします。何時に出社すればよいでしょうか。

Q2 あなたの会社は土・日が休日だとします。友だちから、今週の土曜日から3日間の予定で旅行に誘われました。月曜日に休暇を取らなくてはなりませんが、忙しい時期でなかなか言い出せません。どのように申し出ればよいでしょうか。

Q3 終業時間になりました。あなたの仕事はすべて終っているので、帰宅したいと思っています。しかし、ほかの人は忙しそうで誰も帰ろうとしません。どうすればよいでしょうか。

用語解説

始業時刻……… 仕事を開始する時刻のこと。始業時刻の10〜15分前には出社し、その日の予定の確認、パソコンの立ち上げなど始業と同時に仕事に取りかかることができる状態にしておくのが基本。

終業時刻……… 仕事が終了する時刻のこと。この時刻まで仕事を続け、残務整理などは終業時刻以降に行う。明日の予定を確認し、周りの人たちにあいさつして会社を出る。テレワークの場合も、始業・終業の労働時間が決められている会社が多い。

時間外労働…… 所定の勤務時間外の残業や休日勤務のこと。上司の指示に従って行う。

年次有給休暇… 賃金が支払われる休暇日のこと。6か月以上継続して勤務し、全労働日の8割以上出勤した場合、年間で最低10日間与えられる。

レクチャー

社内のルール

　気持ちのよい職場をつくるのは、そこで働く人々です。すべての人が社内のルールを守って仕事を行うことにより、居心地のよい職場ができるのです。社内のルールを厳守して、仕事に向かうことが求められます。

　基本的な社内ルールは、会社で定められた「**就業規則**」に記載されています。

就業規則のおもな内容
①**必ず記載されるべき事項**
・始業・終業の時刻、休憩時間、休日、休暇、交替勤務のある場合はその方法
・臨時に支払われるものを除く給与（賃金）の決定・計算・支払いの方法、締切りとその支払い時期、昇給に関する事項
・退職・解雇に関する事項
②**その他、記載がなくとも就業規則として認められる事項**
・賞与など臨時に支払われる賃金、最低賃金に関する事項
・食費、作業用品など、従業員の負担に関する事項
・安全および衛生に関する事項
・職業訓練に関する事項
・災害補償と業務外の傷病扶助に関する事項
・表彰および制裁（懲戒）に関する事項

ビジネスマナー

　あなたは通勤途中、急に気分が悪くなったとします。とても仕事ができる状態ではありません。とにかく病院に行こうと思いますが、まず、しなければならないことは何でしょうか。それは、会社に電話やメールで連絡することです。急ぎの仕事がある場合は、指示を仰ぎ、引継ぎの依頼をしなくてはなりません。

　仕事をスムーズに進めるには、周りの人たちと良好な人間関係を築くことが大切です。相手を尊重し、思いやりの気持ちをもって接するとともに、それを言動で表すことが必要です。

　仕事に対する意識や姿勢を具体化して言葉や行動で表現したものが、「ビジネスマナー」です。

　ビジネスマナーは、よりよい対人関係を築き、仕事を円滑に進めるために必要不可欠のものです。十分に身につけておくことが求められます。つまり、基本は**コミュニケーション**です。

◆　就業規則は、すべての会社にあるわけではありません。ただし、従業員10名以上の場合には、必ず作成し、労働基準監督署に届け出ることが義務づけられています。

ビジネスマナーの例
　接客応対、電話対応、ビジネス文書、職場における言葉づかい、名刺の交換などで必要なマナーがあります。

ワーク

1. 会社には「就業規則」があり、社内で守らなければならないルールが書いてあります。どのようなものがあるでしょうか。

（例）・始業および終業時刻

2. 社内のルールを守らないことによって、どのような影響があるでしょうか。

項　　目	影　　響
①人間関係	
②チームの仕事	
③その他 （　　　　　）	

3. マナーとは、作法や礼儀のことといわれています。では、「ビジネスマナー」を考えたとき、大切なことは何でしょうか。

11 仕事をスムーズに進めるための コミュニケーション

役　　員　「おはよう！」

佐　　藤　「（うつむきながら、小さな声で）おはようございます」

役　　員　「どうしたんだ？　あいさつの声が小さいな。下を向いているし……。体調
　　　　　が悪いの？」

佐　　藤　「いいえ、そんなことはないです」

役　　員　「あいさつは人間関係でもっとも大切ですよ。元気のいいあいさつをして
　　　　　いれば、よい人間関係がつくれるんです」

佐　　藤　「はい、わかりました」

考えてみよう

Q1 コミュニケーションの目的は何でしょうか。

（例）・人間関係を良好にする。

| |
| |

Q2 コミュニケーションをとるためには、どのような方法があるでしょうか？　また、その効果を考えてみましょう。

方　　法	効　　果
①あいさつ	
②笑顔	
③その他 （　　　　　）	
④その他 （　　　　　）	

用語解説

積極的傾聴………「アクティブリスニング」ともいう。相手の立場になって相手を思いやり、相手の言おうとしていることに対して耳を傾けて聴く。

アサーション……相手を尊重しつつ、自らの意見を率直に主張するコミュニケーションの方法。

チームワーク……目標達成に向けて、全員で力を合わせて協力すること。

メンバーシップ…チームの一員（メンバー）として、リーダーのもと、成果を出すために力を合わせようとする意識のこと。

レクチャー

コミュニケーションはあいさつと返事から

●あいさつ

あいさつは、お互いの存在を認め合って好感と敬意を表すものです。円滑なコミュニケーションと良好な人間関係を保つうえで必須のものです。自分があいさつをしているのに相手があいさつを返さなければ、「相手は自分とかかわりをもちたくない」「自分を嫌っている」などと考えたり、気分を害したりするでしょう。

お互いが気持ちよく仕事に取り組めるよう、進んであいさつをしましょう。

●返事

返事もあいさつと同様です。呼ばれているのに返事を返さないのは、相手の存在を無視することになります。呼ばれたら、明るい声で相手に聞こえるように、はっきりと「はい」と答えましょう。

あいさつと返事を欠かさないことによって、円滑なコミュニケーションができ、よりよい関係を保つことができます。

職場のコミュニケーションのポイント

・自ら進んであいさつをする。

・呼ばれたら「はい」と明るく返事をする。

・相手の立場を尊重する。

・「聴き上手」になる。

・指示された仕事を完了したら、迅速に報告する。

・必要な場合は、お互いに連絡し合う。

・不明な点は相談する。

・朝礼・終礼やミーティングには積極的な態度で臨む。

・時間厳守を励行し、約束は守る。

・職場内のルールやマナーを守る。

・誰に対しても同じように感じよく接する。

職場のコミュニケーション

仕事の場におけるコミュニケーションは、会社の目標を達成するために、全員が仕事を円滑に進める手法です。

働く人の間でお互いのコミュニケーションがとれていることが、仕事上の大切な要素になります。

テレワークでのコミュニケーション

出社しないため、コミュニケーション不足になりがちです。会社の業務管理ルールに従い予定の連絡や業務の報告を行うことが大切です。

社内のオンラインミーティングやイベントには、積極的に参加しましょう。

ワーク

自分のコミュニケーションの状況についてチェックしてみましょう。

項　　　目	チェック
人と話をすることが苦にならない。	
つねに自分からあいさつしている。	
いつも、ものごとを前向きにとらえている。	
見知らぬ人にも声をかけることができる。	
苦手な人でも話すことができる。	
人を外見や先入観で判断しないようにしている。	
考えたことは素直に表現できる。	
話す目的を考えてから話している。	
話す内容を組み立ててから、話すようにしている。	
相手に応じて適切な言葉づかいや表現を用いることができる。	
相手の反応を見ながら話すようにしている。	
自分の主張は、ねばり強く行う。	
自分の意見や考えが間違っている場合、素直に謝っている。	
自分の意見に対して反論があっても、感情的にならない。	
相手の言うことをよく聴くようにしている。	
相手の表情や態度に注意して聴くようにしている。	
相手の立場に立って聴くようにしている。	
不明な点は、進んで質問する。	
相手の意見に反論する場合、相手を尊重しつつ遠慮せずに行う。	

第2章　仕事への取り組み

係　　長　「今日中にしなくちゃいけないことは、何があるの？」

山　　本　「はい、急ぎでＣ社に提出する見積書を作ることと、今日中にお得意さま
　　　　　　会の案内状の作成、Ｄ商事に商品見本を届けることです」

係　　長　「計画を立てているよね？」

山　　本　「はい、まず、午前中に見積書を作成し、午後から案内状の作成に入ります。
　　　　　　作成には2時間程度かかりますので、Ｄ商事に16時にアポを取っています。
　　　　　　15時過ぎに社を出れば間に合います。戻りは17時前になると思います」

係　　長　「そう。わかった」

Q1 ある日の午前10時です。今、あなたがしなければならない仕事は次の4つです。この4つに優先順位を付けましょう。

（　　）a．明日16時からの会議の配付資料を準備する。

（　　）b．3日後のA社との契約書類を作る（現在、2分の1程度まで作成ずみ）。

（　　）c．離席中に取引先から電話があり、至急連絡がほしいという伝言を受けた。

（　　）d．今朝、出社後、上司より明日の13時に提出するデータの入力の指示を受けた。

Q2 あなたは今、指示のあった仕事を多くかかえています。仕事をしていたら、そこにまた新しい仕事の指示が入りました。どうすればよいでしょうか。正しいものを1つ選びましょう。

a．自分の仕事なのだから、残業して指示された順番に全部終わらせる。

b．急ぎの仕事も多くあるので、ほかの人に手伝ってもらう。

c．それぞれの仕事をいつまでに仕上げればよいか指示を仰ぎ、計画を立てて取り組む。

第2章

仕事への取り組み

用語解説

見積書……　何かを購入したり販売しようとするときに、必要な金額（経費）・物の量・期間などをあらかじめ概算した計算書のこと。P.106参照。

発注書……　品物や商品の注文をするときに、発注することを確認し合うために販売元に渡す文書のこと。P.106参照。

受注書……　品物や商品の注文を受けたときに、受注したことを確認し合うために顧客に渡す書面のこと。P.106参照。

レクチャー

仕事に取りかかる前に確認すべきこと

①いつまでに仕上げるのか…期限を確認する

　仕事を行う前に、まず、確認しなければならないことは「いつまでに仕上げるのか」という期限（納期）です。期限を守ることが信頼につながります。期限がわからなければ、どの仕事から取りかかればよいのかがわかりません。

②どの仕事を先に完成させるか…優先順位を確認する

　もっとも優先すべきものはどれかを確認して、計画を立てます。優先順位は、納期から考えた**緊急度**や**重要度**から決めます。優先順位がわからないときは、自分勝手な判断をせず、指示した人に確認することが大切です。

③どのような内容で、どのように仕上げるのか…するべきことを確認する

指示者の意向を十分に把握して、仕事に臨みます。せっかく行った仕事も意向に沿ったものでなければ、時間のムダになり、労力や経費のムダにもなりかねません。仕事に取りかかる前には、それぞれの業務について必要事項を十分確認しましょう。まず、５W3Hを確認してから始めることが大切です。

仕事は突然やってくることもある

　電話応対や来客応対は、突然入ってきます。ほかの仕事をしていても、発生するたびに、その場で処理しなければなりません。そのためにも、普段から余裕をもったスケジュールで仕事を進めることが求められます。

「いつでもいいから」って、いつまで？

　「急がないので、いつでもいいからやっておいて」と言われることがあります。確かに、依頼者は急いではいないのかもしれません。しかし、実は早くしてほしいと思っていることが多いものです。期限のない仕事はありません。可能なかぎり、早く仕上げるように心がけましょう。

もれなく仕事をする
ための５W３H

When （いつ）：
　時期・時間
Where（どこで）：
　場所
Who （だれが）：
　対象
What （何を）：
　課題・目的
Why （なぜ）：
　理由・動機
How（どのように）：
　手段・方法
How many（数量が
どのくらい）：
　規模
How much（金額が
どのくらい）：
　価格・予算

ワーク

　現在、自分がかかえている仕事や勉強などについて、下記のA〜Dに記入してください。たとえば次のようなものが考えられます。

①昨日実施された研修の報告書の作成
②今朝、取引先から依頼された見積書の作成
③資料が乱雑に置かれた書棚の整理
④新企画作成のための情報収集
⑤お客さまからの自社商品に対する問合せへの回答（内容は確認ずみ）

　このほかにもあなたの仕事・勉強も4つに分類し、どの部分から取りかかればよいか考え、優先順位を付けてみましょう。

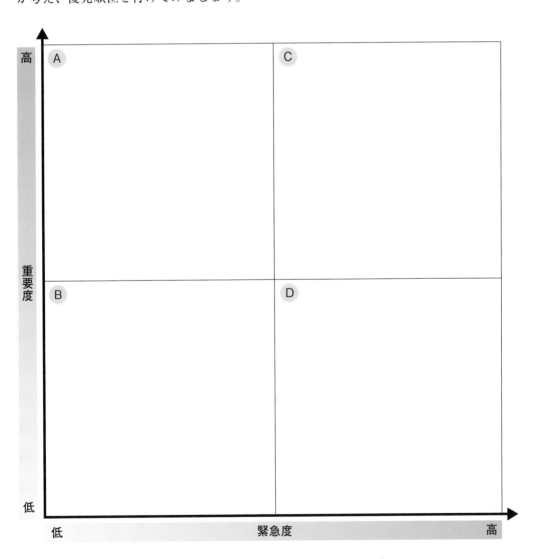

② 効率よく仕事を進める方法

課　　長　「桑島さんががんばっているのはよくわかる。でも、あせっているばかりで、結局進んでないというのが今の状態じゃないかな。今、桑島さんがかかえている仕事はどれだけあるの？」

桑　　島　「はい。いつもどおりの顧客リストの追加入力。それから、Ｂ社の高田主任に新商品の見本を届けて、商品説明。来月の特約店会議の案内文案の作成。明日中に出すDMの封筒のあて名シールの作成。来週の営業会議で行うプレゼンテーション資料の作成……。それに、電話も取らなくてはいけませんし、お客さまの応対もあります」

課　　長　「そうか。効率を考えて動いているよね？」

Q1 以下は事例の桑島さんが指示を受けた仕事です。それぞれの仕事を効率的に進めるために、すべきことや確認するべきことはどのようなことでしょうか。

①いつもどおりの顧客リストの追加入力

②B社の高田主任に新商品の見本を届けて、商品説明

③来月の特約店会議の案内文案の作成

④明日中に出すDMの封筒のあて名シールの作成

⑤来週の営業会議で行うプレゼンテーション資料の作成

Q2 Q1では、個々の仕事についてすべきことや確認することをまとめました。それでは、桑島さんが受けた仕事を通じて全体として確認すべきことは、どのようなことがあるでしょうか。

用語解説

特約店……… 一定の地域での販売権について、特定メーカーや卸売業者と契約を結び、それらに代わって販売や配送を行う協力会社。

DM ………… ダイレクトメール（Direct Mail）の略。ダイレクトマーケティングの手法の1つで、郵便や電子メール（メールマガジン）等によって直接見込客へ送り届けられる広告のこと。

営業会議…… 企業の営業活動や販売活動を効率的に行うため、計画、企画、戦略などを話し合う場。

効率的な仕事を行うには

計算間違いや操作の誤り、転記ミスなどをなくすことにより、正確な仕事につながり、コストの削減にもなります。また、計画を立てて事前の準備を確実に行い、身の周りを整理整頓しておくことで、早く仕事を処理することができます。

さらに、効率よく、質の高い仕事を実現するために、次のことに注意しましょう。

●仕事のパターン化・フォーマット化

仕事の種類によっては、一定のパターンに収めることができるものもあります。たとえば、社内文書や社外文書はパターン化あるいはフォーマット化することで、毎回あらたに作成するより手間が省け、時間の節約につながります。

●仕事の平均化

時期や時間によって、多忙なときとそうではないときがあります。このような仕事の「波」があると、ムダやムリなどが生まれ、ミスやトラブルの原因となります。ムダ・ムリをなくすには、仕事をできるかぎり平均化することが大切です。時間に余裕のあるときに、忙しくなるときに備えて、できることを行っておくようにしましょう。

●仕事の集中化

たとえば、郵便物の発送など、同じような内容の仕事については、ばらばらではなく、なるべくまとめて同時に行うようにしましょう。

●仕事の迅速化

後回しにせず、迅速に処理することが大切です。今日、予定していた仕事は、今日中に終了するという基本を守りましょう。

●仕事の改善

つねに仕事を見直し、どこかに問題がないか考えることも必要です。また、問題が発生した場合、その原因を追究し、どうすれば解決できるか考え、工夫しましょう。

品質管理における ISO 国際標準化機構（International Organization for Standardization）

製品やサービスを同品質・同レベルで提供するための世界共通の標準規格です。

作業ミス防止のための取り組みの例

・チェックリストの活用
・ミスの見える化
・仕事環境の整備
・業務フロー図の作成
・作業の自動化

効率的な仕事を行うために

ミスのない確実な仕事
↓
パターン化
↓
平均化
↓
集中化
↓
即対応と迅速な処理
↓
仕事の見直しと改善

ワーク

1. 多くの仕事を効率よく進めるには、どのようにすればよいのでしょうか。

   （例）・出社したさいに、まず1日の仕事を書き出す。

2. 仕事が立て込んでいるときに、突然入ってくる電話や来客に対して、どのように応対すればよいでしょうか。

   （例）・仕事の手を止め、電話・来客対応に注力する。

③ 計画的で確かな仕事をするには？

木　戸 「指示された仕事はすべて完了しました」

課　長 「そうか、お疲れさま。仕事の計画はどう立てたの？」

木　戸 「はい。発注品目の確認の締切りが12時までだったので、まず、終わらせ
　　　　ました。3日後の金曜日必着の見積書は、お得意さまへの新商品の案内を
　　　　発送する用事があったので、一緒に郵便局に持っていってすませました。
　　　　どちらも明後日の木曜日には届く予定です。明日のオンライン会議の資料
　　　　は今でき上がり、あとは出席者に配信するだけになっています」

課　長 「きちんと期限から逆算して、重要度と緊急度を考えて立てたようだね」

Q1 次の文章の（　　　）に当てはまる適切な語句を下記の語群より選び記入しましょう。ただし、1語について1回のみ使用します。

　仕事に取りかかる前には、つねに仕事の ①（　　　　）は何かを確認します。同時に仕事の（①）を実現するためには、どのようにするべきかという ②（　　　　）を考えなければなりません。

　また、③（　　　　）的に仕事を進めるには、どうすればよいか、についても考えなければなりません。すなわち、仕事の④（　　　　）、コスト、⑤（　　　　）、報告や連絡といったことの確認が大切です。

　そのうえで、⑥（　　　　）を立てて、実行に移します。

【語群】
　効率　・　手順　・　計画　・　目的　・　手段　・　納期

Q2 仕事はどのように計画し実行するとよいでしょうか。次のうち正しいものをすべて選びましょう。

a．慣れた仕事から取りかかるようにする。

b．週間の予定を確認してから、毎日の計画を立てる。

c．毎朝業務開始前に、その日の予定を確認する。

d．定期的に行う仕事は、月間予定表に先に記入しておく。

e．与えられた時間が足りなければ、納期を変更する。

f．予定より遅れているときは、作業手順を見直して早めるようにする。

g．仕事は指示された順番に取りかかる。

h．計画は締切りから逆算して立て、余裕の時間も見込んでおく。

i．仕事はできるだけパターン化せず、毎回決めた計画に沿って処理する。

用語解説

目的……最終的に到達する状況や成果のこと。P.72参照。

目標……目的に到達するための目安、あるいは途中の到達すべき指標のこと。P.72参照。

効率……成果（仕事量）と、その達成に必要な時間や労力との比のこと。

手段……成果を上げるための方法、進め方や順序のこと。

レクチャー

効率的な仕事を行うPDCA

仕事に取りかかる前には、「いつまでに、何を、どのように」行うのかという目標を設定します。そして、その達成のために計画を立て実行に移します。

①計画を立てる：Plan

目的と目標、全体像を十分把握したうえで計画を立てます。

仕事の計画を立てることは、効率のよい正確な仕事への第一歩です。早く仕上げなければならないのはどれか、重要度の高いものはどれかを考え、仕事の計画を立てます。

計画は、仕事の期限（納期）から逆算して立てるのが基本です。突然入ってくる仕事に備え、余裕のあるスケジュールの作成が求められます。

②計画にもとづいて、実施する：Do

立てた計画どおりに実施します。

③よりよくするために、改善点がないかを検討する：Check

実施しているうちに、計画の遅れや進めるうえでの障害など、改善すべきことが出てくることもあります。より効率を高めるにはどうすればよいかを検討し、改善策を考えます。

④見つかった改善点を正して行動し、次に活かす：Action

問題があれば、見直すなど、より好ましい仕事を行うために、改善してあらたな行動を起こします。そして、次の計画につなげます。

●PDCAサイクル

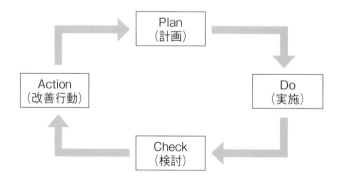

変化の激しい状況下においては、PDCAを回しながら、必要に応じてOODA(ウーダ)ループを回すことも有効です。

予定の組み方

時間や経費、労力をムダにせず、効率的に使うことを考えて、予定を組みます。

たとえば、同じ方向に行くことがあれば、一緒に行けるようにスケジュールを組みます。また、コピーなど同じ機器を使う作業であれば、まとめて行うなどの工夫をします。

OODAループ

想定外の先の読めない状況で成果を出す意思決定方法のことです。

Observe（観察）→Orient（状況判断）→Decide（意思決定）→Act（行動）の4つのステップを繰り返す手法です。

　あなたの勤務時間は朝9時から17時です。明日は、朝9時から10時まで課内の打合せがあります（課長は終日在社し、15時から17時の間に営業会議に出席予定です）。
　明日の仕事の計画を立ててみましょう。

【明日中にしなければならない仕事】
　①見積書作成後、発送：
　　　A工業に提出する見積書。課長のチェックを受け、先方の要望にもとづきデータ送信または郵送する。
　②文書作成後、印刷：
　　　代理店向け体験セミナーの案内状を作成し、課長のチェックを受けたあと、100部印刷する。
　③印刷した代理店向け体験セミナーの案内状を代理店100社に送付準備：
　　　リストからあて名を検索し、シールに印刷し、封筒に貼付する。

時刻	
9:00	
10:00	
11:00	
12:00	昼食休憩
13:00	
14:00	
15:00	
16:00	
17:00	

第2章
仕事への取り組み

4 仕事の目標と目標のための計画

中　西　「このたび、新商品の発売にともなって、広報を有効に展開するためのプ
　　　　ロジェクトチームを結成することになりました。今日はその第1回目の会
　　　　議です。成果を出すために、自由に意見を出してください」

桑　島　「広報案を出すにあたって、もう一度、新商品の開発の目的と目標を聞か
　　　　せてください」

中　西　「わかりました。それでは、事前送信済みのデータに沿ってご説明します」

Q1 なぜ、仕事には目標が必要なのでしょうか。正しいものを選びましょう。

- a．自らの目標をもち、その目標に向かって努力することで成長するから。
- b．目標がなければ、何をどの程度努力すればよいかわからず、漠然とした仕事になるから。
- c．部門や個人の目標がないと、会社の目標や方針が決定されないから。
- d．目標を達成することによって、やりがいと楽しさを感じることができるから。
- e．目標を明確にもち、計画を立て実行することで、効率のよい仕事ができるから。

Q2 会社のなかで、個々の仕事の目的とは何でしょうか。

Q3 なぜ、計画を立てるのでしょうか。

用語解説

プロジェクトチーム
…… 新規事業の立上や工場の建設など、特定の課題を達成するために一時的に設置される組織のこと。社内や社外から必要な人材が選ばれ、横断的に編成され、プロジェクトが終了すればその時点で解散となる。

広報……… 官公庁、企業、各種団体などが、施策や業務内容を広く一般の人に知らせること。

商品開発… お客さまのニーズに応えながら、新しいものを考え出し、研究して商品として実用化すること。

仕事の目的と目標、計画

　目的とは、一般的に「理想とする達したい状況」あるいは「最終的に得たい成果」を意味します。目標とは、目的を達成するための目安をいいます。目的が抽象的であるのに対し、目標は具体的なものになります。

　会社のすべての活動は、会社の目的を実現するために行われます。これは全社的あるいは部門的な目的と目標ですが、個人レベルの仕事でも同じことがいえます。「何を、いつまでに、どのように実現するか」ということを、つねに意識して仕事に取り組むことが大切です。

　社員個々の目標がすべて達成できて、部門の目標が達成できます。各部門の目標がすべて達成できて、会社の目標が達成できます。そのためには、受けもちの目標を計画に沿って達成していくことが、仕事の基本となります。

目標の立て方

●達成可能な範囲であること

　あまりに高すぎても、あまりに低すぎても、達成に対する意欲はわきません。現状よりやや高く、努力すれば達成できる範囲が適切です。

●具体的であること

　抽象的なものではなく数値で示すことにより、到達点が明らかになります。

●期限を決めること

　いつまでに達成するという具体的な期日を決めることにより、計画も立てやすくなります。また、達成の状況に応じて計画を見直したりすることができます。

計画の立て方

●優先順位を付ける

　何からするべきか、重要性と緊急性から判断します。

●方法を考える

　「早く、正確に、安く、楽に」できる方法を考えましょう。

目的と目標、計画の例

　たとえば、「この新製品を広く提供することで、人々が豊かな生活を送ることができるようにし、社会に役立ちたい」というのが目的です。

　これを実現するために、「〇月より発売して、半年で〇万円の売上をめざす」のが目標です。

　この目標を達成するには、「〇月からキャンペーンを開始して、新聞やテレビで〇回広告を出す」

　それには、「〇万円の予算が必要で、〇名の人員が必要」など、手順・予算を決めます。これが計画です。

目標管理

　個人が自分の目標を設定して、その実行や進捗状況を管理する手法のことです。

成果主義

　評価について、担当者の年齢や勤続年数ではなく、最終的にどのような結果になったかという点に重きをおく考え方です。

1. 次の文章は、目的と目標を示したものです。どちらが「目的」で、どちらが「目標」でしょうか。

   a．「今年は、2億5,000万円の売上を出さなければならない」
   b．「当社の製品を広く社会に提供することによって社会に貢献し、企業価値を高める」

2. 下記の結果は、a～cの目標に対して達成していると評価できるでしょうか。

	良品	不良品
先月の生産量	15,000個	50個
今月の生産量	20,000個	80個

   a．目標：「先月を上回る生産量を上げる」
   b．目標：「先月の2倍の生産量を上げる」
   c．目標：「不良品の個数を先月の半分にする」

3. 上記a～cのうち、目標としてもっとも好ましいものはどれでしょうか。また、その理由はなぜでしょうか。

   （　　　）理由：
   ....
   ....
   ....

4. 今まで、目標を設定し計画を立てることで、何らかの成果を上げたことがあれば、その状況と成果が上がった要因を記入してください。

※上記の経験がない場合は、目標を設定し計画を立てれば成果を上げられたと思われる状況を探し、どのようにすればよかったかを考えてみましょう。

5 業務には日常と非日常がある

係　　長 「今日は、お客さまからクレームがありましたが、皆の協力のおかげで、よい方向で対応することができました」

課　　長 「それはよかった。クレームはマニュアルがあったとしても応用できないケースが多いからね。いい機会だから、今日の成功について、皆で考えてみよう」

木　　戸 「はい。社員一人ひとりが、落ち着いて、的確な判断と行動ができたからだと思います」

桑　　島 「それに、非日常的な仕事に対応できるように研修を受け、普段から心がけていたからだと思います」

係　　長 「そのとおりだね。つねに問題意識をもって仕事に取り組むことが大事だね」

考えてみよう

Q1 次の表の（　　　　　）にあてはまる適切な語句を考えて、記入しましょう。

	日常業務	非日常業務
仕事の手順	（　　　　　　　　　）	そのつど異なる
創造力の必要性	少ない	（　　　　　　　　　）
判断力の必要性	（　　　　　　　　　）	多い
前例	前例があり参考になる	（　　　　　　　）
マニュアル	マニュアル化しやすい	（　　　　　　　）

Q2 仕事はどのように取り組むとよいでしょうか。次のうち正しいものをすべて選びましょう。

a. 業務はできるだけ非日常業務を中心に組み立てるべきである。

b. クレームや事故の処理は、マニュアルどおりに行わなければならない。

c. 非日常業務であっても、仕事の目的を知っておく必要がある。

d. マニュアルを作ることで、非日常業務を日常業務にできることもある。

e. 日常業務は、個人ごとの仕事の手順で行う。

用語解説

マニュアル… 企業や団体などにある規範（ルール）や仕事内容について記載されたもの。誰にでも理解でき、しかも初めての人が見ても実行できる汎用性のある文書であることが必要。製品の取扱説明書や手引書も、マニュアルと呼ばれる。

クレーム…… 本来は、「要求を主張する」ことをいう。一般的には、苦情を指すことが多い。クレーム発生時は、聴く姿勢とともに相手の立場に立った対応が求められる。

レクチャー

日常業務

　一般に、日常業務は**定型業務**ともいわれます。仕事の進め方や方法、形式などが決められていて、計画やマニュアルに従って「定期的に行われる仕事」のことをいいます。

　日々の帳簿や伝票の作成、店頭での接客、お得意さまへの定期的な訪問など、基本的で簡単な業務が組み合わされたものです。それらは定められた手順に従って処理していく、定型的な業務です。しかし、定型的な業務だからといって、判断力をまったく必要としないわけではありません。間違いのないように、慎重に進めなくてはなりません。

　仕事を処理していく過程でもっとも重要なのは、**正確に確実にやりとげること**です。ミスをしてやり直すことは、時間、労力、コスト、すべての面でムダになります。

非日常業務

　非日常業務とは、突発的に起こるできごとのことです。**非定型業務**ともいわれます。また、事故やクレームに対処すること、あらたな企画を考えること、新規に営業を行うことなど、前例が少なく、そのつど、創造力や判断力が求められる仕事のことをいいます。

　このような仕事に対しては、正解はありません。しかし、起こりうることを想定して、計画のなかに取り入れておくことも必要です。つねに余裕をもった仕事の仕方が求められます。

　場合によっては、周りの力を活用して解決しなければならないこともあります。

　問題意識をもって仕事に取り組み、自分の仕事上の体験を**体系的に整理しておくこと**が求められます。同時に、**多方面から情報を集め、有効に活用すること**も重要です。

　また、リーダー的な地位につけば、非日常的な業務が多くなります。新人のうちから、広い視野をもち、自分の仕事を高い観点から客観的に見る努力をしておきましょう。

ミスのない正確な仕事をするには

①計画

　仕事には納期があり、時間は有限です。仕事は計画を立ててそれに沿って進めましょう。出社したら、その日の予定を確認し、帰社する前には、忘れていることがないかチェックします。

②納期

　仕事の納期を忘れず、予定より遅れぎみなら手順を見直してスピードアップします。また、チェックリストを作り、途中で『もれ』がないか点検します。時間に追われると余裕がなくなり、ミスも起こりやすくなります。

③平均化

　忙しい時期に備えて、前もってできることは片づけておきます。仕事が平均化でき、余裕をもって仕事に取り組むことができます。

ワーク

1．オフィス内での事務の場合、非日常的な業務にはどのようなものがあるでしょうか。
　突然、普段行っていないことを依頼された場合などを具体的に記述しましょう。

（例）・急な来客を受ける。

　　　・緊急に依頼された企画書を作成する。

2．定型業務はマニュアルに沿って進めることが多いですが、マニュアルを使うこと
　の効果にはどのようなものがあるでしょうか。具体的に記述しましょう。

①衣料品販売店の接客マニュアルの場合

②工場の作業マニュアルの場合

係　　長　「午後3時までに、○○商事の大野さまに△△の製品見本を届けてください。
　　　　　その中の製品AとBについては、それぞれ詳細の仕様書を付けてね」

山　　本　「はい、承知しました。15時までに、○○商事の大野さまに△△の製品見
　　　　　本と、その中の製品Aと製品Bの詳細仕様書をお届けします」

係　　長　「念のため、資料がそろったら届ける前に見せてください」

山　　本　「はい、かしこまりました」

考えてみよう

Q1 事例の山本さんは、係長の指示に対し、どのようなことに気をつけていたでしょう。ポイントを3つあげましょう。

① ....

② ....

③ ....

Q2 次の文章の（　　）に当てはまる適切な語句を語群より選び、記入しましょう。ただし、1語について1回のみ使用します。

　上司や先輩から呼ばれたら、元気よく ①（　　　　　）をして、②（　　　　　）を持って、上司や先輩のデスクへ向かいます。

　指示や命令は ③（　　　　　）をとりながら、正確に聞き取らなければなりません。また、④（　　　　　）を打つなど、相手に理解していることを示すことも大切です。

　指示は最後まで聞き、⑤（　　　　　）がある場合は、指示の終わったあとに行います。疑問や ⑥（　　　　　）があれば、素直に述べましょう。指示や命令が重なったときは、⑦（　　　　　）を確認します。最後に、指示の内容を ⑧（　　　　　）して、⑨（　　　　　）に仕事に取り組みましょう。

```
【語群】
 優先順位 ・ 質問 ・ 意見 ・ 積極的 ・ あいづち
 確認 ・ メモ ・ 返事 ・ 筆記用具
```

用語解説

仕様書………… 建築・機械やその他の商品で注文品の内容や、設置する方法の図解などを書いた文書のこと。

復唱確認…… 「相手が伝えたい内容」と「自分が理解した内容」が正確であるか、確認のために繰り返す（復唱する）こと。お客さまの要望、電話の伝言、上司からの指示などは必ず復唱する。とくに、名前や住所、数字（発注数、電話番号など）は注意が必要。

レクチャー

指示の受け方

仕事は指示によって、行われます。よりよい仕事を行うために、間違いなく正確に指示を受けることが大切です。次の手順に沿って行いましょう。

①**仕事中に上司や先輩から呼ばれたとき**

「はい」と元気よく返事をします。メモや手帳など筆記用具または、パソコンやタブレット、スマートフォンなどの記録ツールを持ち、すみやかに呼ばれた人のところへ行きましょう。

②**上司や先輩が自分の席まで来たとき**

すぐにいすから立ち上がり、立ったまま指示を受けます。目上の人が立っているのに、座っているのは失礼です。気をつけましょう。

③**指示を聞くとき**

メモをとりながら、もれのないように聞きます。指示内容を正確に把握しましょう。

④**疑問や意見のあるとき**

わからないことは、素直に、その場で確認します。疑問に思ったまま、仕事をすることがないようにします。疑問点は、指示した本人に確認します。

⑤**質問を行うとき**

相手の言葉をさえぎらず、最後まで聞き、質問は指示がすべて終わったあとにまとめて行います。

⑥**指示や命令が重なったとき**

直属の上司に優先順位を確認します。

⑦**指示が終了したとき**

メモを見ながら、指示内容を復唱して確認します。その後、業務に入ります。

以上のように、指示の内容、期限、スケジュールを確認してから仕事に取りかかります。このとき、仕事の目的や目標も明確に把握し、その仕事の状況や背景を理解することが大切です。自分の求められた役割を自覚して取り組みましょう。

◆ 指示を受けた場合、必ず５Ｗ３Ｈに沿って確認する習慣をつけておきましょう（P.60参照）。

◆ 仕事の目的と目標については、P.72参照。

ワーク

上司から次のような指示を受けました。

「今日の午後の会議で使うから、この資料をコピーしておいてください」

この指示を実行するにあたって、確実な仕事をするために、どのようなことを確認しておけばよいでしょう。考えられることを記入しましょう。

①会議について

②資料について

③その他

7 仕事ではホウレンソウが重要なカギ

課　　長　「Ａ商事さんは、どうだった？」

桑　　島　「Ａ商事の山下係長は、新製品についてたいへん関心をおもちでした。とくに、経費面でのメリットについて細かく質問を受けました。ただ、私には、不明なところもありましたので、改めて説明に伺うことにして持ち帰り、次回、○月○日13時30分にアポイントメントを取りました」

課　　長　「山下係長は、何と言っていたの？」

桑　　島　「次の3点です。1点目は、10台も購入するのだから単価は安くならないか、2点目は、旧モデルと比較して維持費は何％安くなるのか、3点目は、メンテナンスサービスは毎月定期的に来てくれるのか、ということです。なお、今度の新製品発表会には、出席していただけるとのことでした。以上です」

Q1 報告をするさいには、どのような点に注意すべきでしょうか。

(例)・5W3Hを意識する。

_____

Q2 連絡をするさいには、どのような点に注意すべきでしょうか。

(例)・自分から定期的に行う。

_____

Q3 相談をするさいには、どのような点に注意すべきでしょうか。

(例)・問題が大きくならないうちに早めに行う。

_____

第2章

仕事への取り組み

用語解説

ホウレンソウ…… 報告・連絡・相談のこと。
報告……………… 指示されたことを実施し、その進捗状況や結果について知らせること。
連絡……………… 互いに関連することについて、必要に応じて情報のやりとりを行うこと。
相談……………… 他人に意見や助言、忠告を求めること。

報告の方法

報告には、口頭によるものと文書によるもの、あるいは画像データや映像によるものなどがあります。どの方法を用いるかは、状況によって異なります。

●口頭による報告

一般的には、口頭による簡単な指示に対して、終了後、または中間で報告を行います。

口頭報告の要領

①5W3Hに従って作ったメモを見ながら報告する。

②結論を先に述べ、あとから経過や状況を説明する。

③事実と自分の意見や推測を区別し、事実は客観的に伝える。

④複数を報告するときは、重要度や緊急度の高い順から行う。

●文書による報告

記録を必要とするものや、通常業務外の出張報告などは、文書で報告します。また、日報や週報、月報などは、文書によって行います。簡単な報告には、電子メールや携帯メールを用いることも増えてきました。

社内での連絡

社内の担当者同士の連絡では、電子メールや内線電話などの社内ネットワーク以外に、口頭やメモなどを用います。

外出先から連絡

社外で業務を行い終了したときは、必ず会社に連絡し、状況と帰社予定時刻を伝えましょう。また、不在時の自分への連絡の有無を確認することも必要です。

相談のポイント

不安なことがあれば、一人で悩まず、積極的に相談しましょう。相談するときは、相手に答えを求めるのではなく、自分の考えをもち、それを伝えたうえで相手にヒントをもらうようにしましょう。最後の決定は自分で行い、責任は自分でもちます。

◆ 5W3Hは、文書作成時にも有効です（P.60参照）。

あいまいな表現

「たぶん大丈夫でしょう」「何とかなると思います」「たいしたことはないでしょう」などのように、人によって解釈の異なる表現は避けましょう。

報告の手段

映像による報告は、視覚的に訴え、現場の状況をよりわかりやすく伝えることができます。

報告は、1種類だけで行う場合と、文書と口頭、文書と映像など、複数の方法で行う場合があります。

　あなたは、課長が出張に出かける前に、『A社の高山さまに出張から戻る○月11日（水）の14時に会いたいとメール連絡を入れているが、まだ返事がないので、電話で確認をしておくように』との指示を受けました。出張から戻った課長に、以下のように報告しました。

　「高山さまに何回かお電話したのですが、高山さまはずっとご不在だったので、こちらに電話していただくようにお願いするのは悪いかと思いましたので、何度もかけていたら、昨日ようやくつながりました。課長の用件をお伝えしましたら、高山さまもこれまでご担当の催しがあり、出たり入ったりで余裕がなかったそうですが、出張から戻られる前日に終了するので、ご指定の日時にお会いすることができますとおっしゃっていました。忙しくて睡眠不足気味だよと笑ってらっしゃっていました。高山さまは、お忙しいんですね」

１．報告しなければならないポイントを箇条書きであげましょう。

２．この報告のよくない点は、何でしょう。

３．口頭報告するさいにふさわしい表現に直し、報告してみましょう。

⑧ 会議に参加するときに知っておくこと

佐　　藤　「午後からの企画会議だけれど、配付資料、時間がなくてまだ読んでないんですよ」

中　　西　「私は、ひととおり目を通しました。自分なりの意見をまとめています」

佐　　藤　「やはり準備は必要ですよね。私も昼休みに目を通して、意見を考えておかなきゃ」

考えてみよう

Q1 会議中の参加姿勢として、正しいものを1つ選びましょう。

　　a．自分は新人なので、遠慮して発言を控える。

　　b．意見を言ったほうがいいので、思いついたことはそのつど発言する。

　　c．周りの状況をよく観察し、言うべきときには、積極的に発言する。

　　d．次の議題に進んでいたが、前の議題で疑問に思ったことがあったので質問した。

　　e．自分の意見がなかなか理解してもらえないので、何度も同じ説明を繰り返した。

Q2 オンライン会議参加時の対応について、正しいものをすべて選びましょう。

　　a．自宅のパソコンからのため、下半身はパジャマのままで参加した。

　　b．サテライトオフィスでの参加のため、周囲の声が入るのはしかたがないと判断した。

　　c．自分が発言するときは、カメラ目線で、参加者に聞こえる声でわかりやすく話す。

　　d．会議中に眠くなったので、カメラとマイクをオフにして席を外した。

　　e．Webの不具合で会議に参加できないときは、他の通信方法で状況を伝える。

用語解説

議題……………… 会議の場を設けて討論するテーマ（主題）のこと。

緊急動議………… 会議の場で、予定議題以外の議事を緊急の議題にするように求める提案のこと。

ディスカッション… 論議、討議、討論のこと。

コンセンサス……… 合意、意見の一致のこと。

レクチャー

会議の目的

●課題の解決

課題や問題の関係者が集まり、それぞれの意見を出し合って解決策を協議し、解決に至るために行います。

●連絡と調整

多くの人がかかわる仕事で、担当者の間の関係を調整し、必要な連絡をし、仕事を円滑に進めるために行います。

●情報の交換

社内外の必要な情報を伝え合うために行います。

会議出席前の準備

・会議の目的を確認する。

・開催の日時、会場、出席者、持参物などを確認する。

・テーマに関する資料に目を通す。

・自分の意見を整理しておく。

・会議中の電話の取り次ぎについて、確認しておく。

会議出席のポイント

・開始時刻前に会場に入る。

・司会者の進行に従う。

・他者の意見は、メモをとって聴く。

・積極的に討議に参加する。

・賛否を求められた場合、明確に意思表示する。

・中座しない。

発言のポイント

・司会者から指名を受けて発言する。

・発言は簡潔にまとめる。

・他者の批判的や対立的な意見に対して、感情的にならない。

・攻撃的にならない。

・議題からはずれた発言をしない。

・他者の話をさえぎらない。

司会者の心得

・公平、中立的な立場に立つ。

・つねに冷静で感情的にならない。

・時間厳守を励行する。

司会進行のポイント

・会議の目的、議題を確認する。

・時間配分を行って進行する。

・全員が公平に発言できるようリードする。

・議題から逸脱（いつだつ）しないようにリードする。

・論点を整理する。

・対立的な意見を調整する。

・結論を全員に確認する。

オンライン会議の心得

・カメラを見て話す。

・服装、身だしなみを整える。

・マイクのオン・オフに注意する。発言時以外はミュートにする。

・他部署間や他社との会議では、所属と名前を表示し、最初の発言時には所属と名前を述べる。

・対面時と同様に、発言者の話をさえぎらず、タイミングを見計らって発言する。

ワーク

1. 会議では次のことが必要です。会議や話合いの場を振り返り、自己チェックして
   みましょう。

項　　　　目	チェック
会議の日時や場所などを確認している。	
資料が事前に配付された場合、必ず目を通している。	
会議の目的を理解し、自分の意見を整理して出席している。	
議題について、あらかじめ意見をまとめている。	
積極的に発言し、人の意見に耳を傾けている。	
メモをとるようにしている。	
司会者の許可を得てから発言している。	
発言は、周りに配慮し、簡潔に行っている。	

2. 新商品発表会の会議で、同僚から次の意見が出されました。

   「会場全体を使うくらい大きな看板を設置するとよいと思います。話題になって、
   効果は大きいと思います」

   あなたは、次の理由で反対です

   ・運搬にコストと時間がかかる。
   ・利益につながるのか不明。

   どのように自分の意見を述べればよいでしょうか。会話形式で記入してください。

   「今のご意見についてですが、

                                                                    」

⑨ 知っておこう！ インターネットの ルールとセキュリティ

山　本　「わからないことがあれば、すぐにインターネットで検索します。多くの情報をすぐに取り出すことができるので、とても便利です」

木　戸　「確かに、便利だよね。でも、ネット上には情報が氾濫していて、いい情報も間違った情報もあるから気をつけないといけないよ。さまざまな人がいて、よくないことをする人もいるかもしれない。だから、セキュリティをしっかりしておかないといけないね。とくに、仕事では、情報の漏洩があるとたいへんなことになるからね」

山　本　「そうなんですか。気をつけなければいけないことがあるんですね。わかりました。皆がルールを守って、よい環境で使うことが大切ですね」

考えてみよう

Q1　電子メールは非常に便利ですが、問題点もあります。どのようなことが問題なのでしょうか。正しいものをすべて選びましょう。

　　a．受信者が開封して読まないと、相手に伝わらない。
　　b．セキュリティが守られていないと、内容を他人に読まれるおそれがある。
　　c．送信しても、受信者に届くには時差が生じることもある。
　　d．あて先を間違えて送信しても、あとから送信の取り消しや消去ができる。

Q2　インターネットのセキュリティ対策として考えられるものは、どれでしょう。正しいものを1つ選びましょう。

　　a．毎日使う自分のパソコンにも、パスワードを設定する。
　　b．ウイルス対策ソフトを最初に入れておくと、すべてのウイルスに対処できる。
　　c．誰から届いたのかわからないメールは、むやみに開封しない。
　　d．添付ファイルのついた不明なメールは、開封せずに削除する。

第2章

仕事への取り組み

用語解説

ウイルス…………… コンピュータに勝手に入り込んで不正をするプログラムのこと。勝手に画面表示を変えたり、無意味な単語を表示したり、ディスクに保存されているファイルを破壊したりする。ウイルスには、ダウンロードしたファイルなどを通じて感染する。

ネットワークセキュリティ
　　…… コンピュータをハッカーなどから守り、安全性を高めるソフトウェアやアクセスの制限を用いること。ウイルスなどの感染を阻止したり、侵入したウイルスなどを除去したり、ネットワークを介した攻撃や侵入を防ぐ。

ハッカー…………… コンピュータ技術を悪用して、他人のコンピュータに侵入や破壊を行う者のこと。

ロック…………… 自分のパソコンを他者が勝手に操作できないように、データの書き込みや読み書きを一時的に制限すること。

レクチャー

セキュリティに対する配慮

インターネットが一般化した現在、仕事のICT化が進みました。「情報」の価値を迅速に正しく判断して、効率よく活用することが求められています。しかし、パソコンを使うさいには、「セキュリティ」に対する配慮が必要です。ウイルス感染、ネットワークへの不正侵入、データの破壊、情報の流失などに気をつけなければなりません。

機密の保持

社内の重要な情報を、インターネットで外部に発信したり、USBメモリなどにコピーして社外に持ち出したりする場合、上司の許可を得ることが必要です。情報の漏洩を防ぐために、十分な対策をしなければなりません。

個人情報の保護

「個人情報の保護に関する法律（個人情報保護法）」により、すべての事業者が個人に対する情報の取り扱いを適正に行うように義務づけられています。企業だけでなく、個人事業主・ＮＰＯ法人・自治会・同窓会等も、その対象です。これらの事業者はどのような場合でも、利用する目的を特定して適性に取得することが大切です。当初の目的以外の理由で使用する場合は、本人の了解が必要となります。

電子メール作成のポイント

電子メールは簡単に送受信できて便利です。しかし、送信者と受信者の相互の配慮が求められます。

件　名	用件が明確に理解できるものにする。
本　文	頭語や結語、儀礼的なあいさつ言葉は書かず、簡潔に書く。１つのメールは１つの用件に絞る。
Ｃ　Ｃ	主として送るべき人以外にも、同じメールを発信するときに用いる。
ＢＣＣ	複数の人に発信するときで、誰に送信したかを知らせないときに用いる。

◆　セキュリティ対策としては、ウイルス対策ソフトの使用、パスワードやユーザーIDの設定、生体認証や電子署名の使用などがあります。

パスワード・ユーザーIDの設定

電話番号や誕生日などは、他人にも知られやすいため、安全ではありません。使わないようにしましょう。

生体認証

指紋、手の静脈、目の虹彩など、個人の身体上の特徴を利用して個人を識別・認証するしくみです。

電子署名

電子データの文書に付与される署名のことで、書類が改ざんされていないことを示すための証明です。

個人情報

特定の個人を識別できる情報をいいます。氏名、生年月日、住所、顔写真などがあります。

◆　儀礼的なあいさつ文は、簡単にメールですまさず、電話や手紙を用いると丁寧さが増します。

◆　SNS（Social Networking Service）利用時にも、仕事では受信者名・送信者名を省略しないなどの配慮をしましょう。

ワーク

次の文書を電子メールで送信することになりました。どのような文章を書けばよい
でしょうか。以下のメール画面に記入しましょう。　　　　　　　　※署名欄省略

〇〇年〇月〇日

株式会社ABC産業 総務部
部長　田中 三郎　様

XY商事株式会社 企画開発部
部長　沢田 順二

新製品発表会のご案内

拝啓　時下ますますご清祥のこととお喜び申し上げます。平素は格別のお引き立
てを賜り、厚く御礼申し上げます。
　さて、このたび小社では、一層の経済性を追求し、来年度製品を開発いたしま
した。
　つきましては、日ごろご愛顧をいただいている皆様を対象に、下記の要領で発
表会を催すことになりました。ご多忙とは存じますが、万障お繰り合わせのうえ、
ご来場賜りますようお願い申し上げます。

敬具

記

（以下省略）

宛　先：	Saburo Tanaka
件　名：	

第3章　ビジネス関連文書

① 知っておくべき文書の知識

山　本　「課長から、社内の親睦会の申込みを取りまとめるように言われたの。案内文も作るように言われたのだけれど、どうすればいいのかしら」

三　田　「社内文書の書き方だね。儀礼的な言葉やあいさつ言葉は省略して、わかりやすく、箇条書きで書くといいんだよ」

山　本　「そう、詳しいわね。ありがとう。やってみるわ」

Q1 受信者名に付ける敬称について、組み合わせが誤っているものをすべて選びましょう。

    a．個人あて……………… 吉田直子　様

    b．団体あて……………… 御池株式会社　御中

    c．複数あて……………… 営業一課　各位

    d．企業内の個人あて…… 川田協同組合　御中　松永雅哉　様

Q2 事例の山本さんは、三田さんのアドバイスを受けて次のような案内文を作りました。不適切な箇所を修正しましょう。

日時：4月9日（土）、9時から16時までを予定、発信者：企画課長の山田博史

○○年3月10日

企画課課員　様

山田企画課長

「親睦会」について

企画課の親睦会を開催します。ふるってご参加ください。

1．対　　　象：企画課課員
2．目　　　的：課員の親睦を図るため
3．日　　　程：4月9日（土）
4．行　き　先：みなと○○公園
5．参加費用：2,000円（バス代・昼食代含む）
6．申込み先：企画課　山本まで（締切日：3月30日）
※集合時間・場所については、参加申込み者に追ってご連絡します。

担当
企画課　山本

用語解説

各位……… 2人以上の人を対象にして、それぞれの人に敬意を表す。「みなさまがたへ」という意味の敬称。

御中……… 郵便物で、会社・団体など個人名以外のあて名の下に添える敬称。

頭語（とうご）……… 手紙文の冒頭に用いる語のこと。「拝啓」「謹啓」など。P.102参照。

結語……… 文章や話などの結びの言葉のこと。「敬具」「謹白」など。P.102参照。

社内文書の基本

①文書番号
②発信日付

③受信者名

④発信者名

⑤件　　名

⑥本文

記（⑦記書き）

1.
2.

以上
⑧担当者名
（内線番号）

社内文書のポイント

１文書１件、Ａ４横書きが一般的です。社内文書には、儀礼的なあいさつ言葉は入れません。

文書の内容が、ひと目見てわかるように、タイトル（件名）を入れます。

「記書き」は箇条書きにし、添付書類や追記があるときは、記書きのつぎに書きます。

最後に以上を書きます。

担当が誰なのかがすぐにわかるように、担当者名も入れておきましょう。内線番号があるときは、書いておくと親切です。

社外文書の基本

①文書番号
②発信日付

③受信者名

④発信者名（印）

⑤件　　名

頭語　　（⑥前文）

さて、　　（⑦主文）

（まずは）　（⑧末文）

結語

記

1.
2.
　なお、（⑨追記）

以上
⑩担当者名

社外文書のポイント

社外文書の形式は、基本的には社内文書と差はありません。しかし、社外に出す文書のため、より丁寧にします。

前文には、"拝啓"などの頭語や時候のあいさつ、先方の繁栄を祝福する言葉、日ごろの感謝を表す言葉を続けます。

主文は、用件を正確、簡潔、丁寧に書きます。

末文では、要旨をまとめて終わりのあいさつを入れ、結語で締めくくります。

1．下記の社外文書で、不適切な箇所を訂正しましょう。

```
                                                NO.１２３４５
                                                ○○年11月16日

ＸＹＺ物産（株）
北里孝弘営業課長　御中

                                        （株）ＡＭＩ機械工業
                                            課長　南谷良太郎

                        お見積書の送付について

拝啓　貴社にはますますご健勝のこととお喜び申し上げます。平素は格別のお引き立
てにあずかり、厚く御礼申し上げます。
　さて、11月12日付けにてご依頼の見積書をお届けいたします。よろしくご検討くだ
さいますようお願い申し上げます。

EK-2型　　見積書　　　1通
```

2．得意先への新商品の展示会の案内の文書を作成してみましょう。空欄に適切な語
　句を記入してください。

発信日付：本日　　発信者：KG株式会社　営業部長の篠田一雄　　担当者：あなた（営業部）

```
                                                ○○年11月 1 日
得意先　①□□□

                                            ＫＧ株式会社
                                            ②□□□

                        ③□□□

　④□□□　時下ますますご健勝のこととお喜び申し上げます。平素は格別のご愛顧
を賜り、厚く御礼申し上げます。
　⑤□□□、このたび小社ではいっそうの機能性とコスト削減を追求し、従来の
YZ-1型をフルモデルチェンジいたしました。
　⑥□□□、発売に先立ち、平素ご厚情いただいておりますお客さまに、下記の要
領にて展示会を催すことになりました。ご多忙とは存じますが、⑦□□□、
ご来場賜りますようお願い申し上げます。　　　　　　　　　　　　　⑧□□□

                            記

1 ．⑨□□□：○○年11月28日（水）　11：00～17：00
2 ．⑩□□□：産業会館　3階イベントホール
3 ．展示商品　：YZ- 2 型および付属関連製品多数
4 ．⑪□□□：産業会館地図
                                            ⑫□□□
                                            ⑬□□□
```

② 文書の作り方の基本を知る

山　本　「課長、昨日のマナー研修の報告書ができました」

課　　長　「お、早いね。……ウ〜ン、これでは感想文だなあ。ビジネス文書は作文じゃないんだよ。もっと簡潔に、"結起承"でポイントをおさえて書くことが必要だよ」

山　本　「申し訳ありません。どのように書けばいいのでしょうか」

課　　長　「文書は読んでもらうことを考えて、わかりやすさを心がけて書くこと。報告書の場合は、5W3Hの要素にもとづいて、『誰が、いつ、どこで、何をして、どのような結果になった』というような項目について書くんだ。箇条書きにすれば、かなり簡潔にまとめられるはずだよ」

考えてみよう

Q1　一般の文書は"起承転結"で書きますが、ビジネス文書の基本は"結起承"です。このように書く理由を考えてみましょう。

①ビジネス文書の書き方

②どうして違うのか

Q2　ビジネス文書を作成するときの注意点として、正しいものをすべて選びましょう。

a．効率よくするために、1文書に複数の情報を書くようにする。

b．読み手がわかりやすいように、箇条書きで書くようにする。

c．やさしく感じるように、論旨を明確にせず、ぼかして書くようにする。

d．言葉の調子や語尾の文体をそろえて書くようにする。

用語解説

　起承転結……導入部から、核となる話題につなげ、展開（ヤマ）を述べて締めくくる。
　結起承………結論を先に明確に出しておき、経緯や理由をその後に述べて締めくくる。

レクチャー

ビジネス文書の基本

●結論から先に述べる

　ひと目見て内容がわかるように、結論を先に書きます。

●5W3Hで書く

　日時、人物、用件、金額などを明確に書きます。

●箇条書きを用いる

　読みやすいように箇条書きにします。

●あいまいな表現を用いない

　内容を正確に伝えます。

●事実と意見を区別して述べる

　私見や推測は、事実とは別に明確にして伝えます。

●同じ文体で統一する

　「～です」「～ます」の「ですます体」と、「～である」「～だ」の「である体」を区別し、文体を統一して書きます。

●1つの文書には1つの用件にする

　わかりやすくし、内容が複雑にならないようにします。

●発信前に上司の確認を得る

　投函や提出、回覧する前に上司の確認を受けます。

社内向け文書のポイント（報告書の場合）

・5W3Hで書く。

・簡潔な文章で書く。

・箇条書きにする。

・数字は正確に書く。

・わかりやすくするため、文章だけではなく図表なども用いる。

・社内で書式が決まっている場合は、それを用いる。

・業務や活動の終了後、すみやかに提出する。

【頭語と結語の組み合わせ】

拝啓―敬具 …… 一般的な往信で使われる。

謹啓―謹白 …… とくに丁重な場合に使われる。

急啓―草々 …… 急ぎの場合に使われる。

文書作成時の注意点

　文書は、顔が見えないので、話すとき以上に読み手を意識して書くことが大切です。

◆　5W3HはP.60参照。

事例の山本さんの報告書は、以下のような内容でした。

○○年10月5日（水）午後1時から午後5時まで、ビジネス研修センターのA教室で行われた「ビジネスマナー研修」に出席しました。講師は武田一郎先生で、研修のテーマは、「敬語の使い方、電話応対の基本、来客応対の基本」です。内容は、「尊敬語と謙譲語の作り方と使い方、感じのよい電話の受け方とかけ方の手順と話し方、電話の取り次ぎ方、名指し人がいないときの伝言メモの書き方、来客応対の言葉づかい、来客の出迎えと案内、応接室での席次、見送り、名刺交換と紹介」でした。

今まで、ビジネスマナーについて正式に習ったことがなく、自己流で電話をかけたり、来客の応対をしていました。今回、研修を受けて、これまでのマナーが間違っていることに気がつきました。これまでは、謙譲語と尊敬語を取り違えて使っていたり、席次が間違っていたりと、今思えば恥ずかしいことをお客さまに対して行っていました。

今後は、今回習ったことを確実に実行し、失礼のないようにお客さまに応対しようと思います。

以上の内容について、山本さんに代わって「報告書」を作成しましょう。

作成者：あなた（総務部総務課）　／提出先：総務部総務課の山上圭吾課長

○○年10月7日

① _____

② _____

「ビジネスマナー研修」受講報告書

標記研修に出席しましたので、③ _____

記

1．日　　時　④ _____
2．場　　所　⑤ _____
3．テ ー マ　⑥ _____
4．講　　師　⑦ _____
5．受講内容　⑧ _____

6．所　　感　⑨ _____

⑩ _____

③ 取引業務の流れと文書

課　　長　「今日の講座は、『取引業務の流れについて』です。佐藤さん、取引の流れ
　　　　　について知っていますか」

佐　　藤　「はい。まず、お客さまからの問合せや依頼によって、取引が始まります。
　　　　　お客さまのニーズに合った商品やサービスを提供するために、『企画書』
　　　　　や『提案書』そして『見積書』を提出します。提案内容に興味をもっても
　　　　　らえたら、注文がきます。注文を出したほうが発注し、受けたほうが受注
　　　　　することになります」

Q1 取引で使う伝票には次のものがあります。何に使うものか考えて、空欄に伝票名・内容を記入してください。

伝票名	内　　容
見 積 書	
	商品代金の支払いを請求するもの
	代金を受け取ったことを示すもの
発 注 書	
受 注 書	
納 品 書	

Q2 発注書を作成するさいの注意点として、正しいものをすべて選びましょう。

a. 正式には、会社の代表者名を記入し社印を押す。

b. 注文日、品名と数、金額（価格が決定している場合）を記載する。

c. 納期、納品場所と方法、支払い条件を記載する。

d. 注文書には収入印紙は必要ない。

用語解説

取引……… 企業と企業、または、企業と個人（消費者）との間でなされる商業行為のこと。商品の売買など、互いの利益になる事物や行為の交換を意味する。

ニーズ…… 人や集団がもつ欲求のこと。個人の場合、生理的ニーズ（空腹・渇き）、社会的ニーズ（帰属、尊敬）、個人的ニーズ（自己実現）などがある。

企画書…… ある業務や事業・イベントなどの企画を説得力ある文章で示し、提案・説明するための文書のこと。新しい仕事に関する提案や、一定規模の仕事の開始を働きかけるものなどがある。

提案書…… 企画の内容を社内やお客さまに勧めるために作成し、提出するもの。

収入印紙… 「契約書」「領収書」「手形」などにかかる税金を納めるためのもの。その文書や手形を作成した人が定められた金額の収入印紙をはり、消印をする。なお、電子契約書の場合、印紙は不要である。

稟議書…… 現場の担当者が案を作成し、上司や上層部に回してその承認を求める文書。

上申書…… 上役や上部機関へ意見を述べるための文書。

照会書…… 確認や問合せのための文書。

レクチャー

業務の流れと伝票（書面）

　会社の業務は、社内では、各部門内や部門間、社外では、お客さまや仕入先などの取引先との間で流れていきます。そしてお互いに関連をもちながら、モノやおカネが動きます。この動きを書面で示すのが各種の伝票類です。

業務の流れ	伝票の種類（例）	伝票の動き
顧客に商品内容や価格を提示する	見 積 書	社　　外
仕入先に原材料を注文する	発 注 書	社　　外
顧客から注文を受けた	受 注 書	社　　内
顧客に品物を納める	納 品 書	社　　外
顧客に代金を請求する	請 求 書	社　　外
顧客から入金された	入金伝票	社　　内
代金を受領した	領 収 書	社　　外
仕入先に代金を支払った	出金伝票	社　　内

伝票の種類

見 積 書 取引先のニーズに応じた商品やサービスの仕様・内容、価格などを顧客に提示するもの

発 注 書 相手方に商品の注文をすることを示すもの

発注伝票 購入する商品の明細や条件などを記載したもの

受 注 書 取引先から受けた注文の内容を記載し、社内の関連部署に示すもの

納 品 書 取引先に商品を納めるとき、商品とともに渡すもの

請 求 書 商品代金の支払いを請求するもの

入金伝票 入金されたことを社内の関連部署に示すもの

領 収 書 代金を受け取ったことを示すもの

出金伝票 出金したことを示すもの

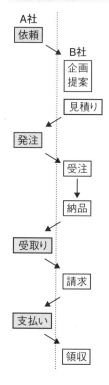

取引業務の流れ

A社
依頼
　　B社
　企画
　提案
　　見積り
発注
　　受注
　　納品
受取り
　　請求
支払い
　　領収

インボイス制度

　2023年10月1日から、消費税の仕入税額控除の方式として、インボイス制度が開始されました。本制度により、代金にかかった消費税について控除が受けられ、納税額を抑えることができます。

　適格請求書（インボイス）を発行できるのは、「適格請求書発行事業者」に限られています。適格請求書発行事業者になるためには、登録申請書を提出し、登録を受ける必要があります。

あなたはラッキー産業の社員です。あなたの会社は、㈱YY機械工業に次の内容で商品を販売しました。これに沿って、請求書を作成しましょう。

AB100型　　単価5,600円で10セット納品　　⇒56,000円+消費税
CD50型　　 単価9,800円で5セット納品　　 ⇒49,000円+消費税

御　請　求　書

請求書番号:1234
20××年 ○月 ○日

_____ 御中

ラッキー産業株式会社
東京都港区○○1丁目
TEL:03-6543-××××
登録番号:T×××××××××××××

件　　名 _____

下記の通り、ご請求申し上げます。

ご請求金額 _____

○月○日までに下記口座へお振込みをお願いします。

○○銀行○○支店　　普通98765432　名義: ラッキーサンギョウカブシキカイシャ

項目	作 業 概 要	数　量	単　価	金　額
		税抜額		

消費税		10%	
		8%	
	消費税額		
	合計額		

第4章　仕事のスキルと知識

1 仕事の情報はどこにある？どのように使う？

課　　長　「桑島さん。最近の消費者生活動向について知りたいんだ。明後日までに
　　　　　情報を集めてくれないか」

桑　　島　「はい、わかりました。調べてみます」

課　　長　「何で探せばいいか、わかっているよね」

桑　　島　「まず、インターネットで探してみます。官公庁から出ている白書もある
　　　　　と思いますし、新聞や雑誌などでも調べられると思います」

課　　長　「そうか。頼んだよ」

考えてみよう

Q1 次の情報源の特徴について、空欄に記号（○、△、×）を入れましょう。

【記号】○：ある、多い
　　　　△：やや少ない、やや劣る
　　　　×：ない、劣る

	情報量	速報性	視覚性	客観性	保存性
インターネット情報					
マスメディア情報					
人的情報					
現場情報					

Q2 次の情報収集の方法のうち、正しいものをすべて選びましょう。

a．うわさを聞いて、その内容を信頼できる情報サイトで確認する。

b．自分の仕事のテーマに役立つ出版物をチェックする。

c．得た情報をデータファイル化して残しておく。

d．他者のブログからさまざまな業界の情報を集める。

用語解説

人的ネットワーク
…… 人脈のこと。どのような人脈をもっているかが、ビジネス活動の展開や個人のキャリア形成のうえで重要になる。

マスメディア
…… 新聞・テレビ・ラジオなどによる大衆伝達・大量伝達を意味する。マスコミの媒体のこと。

白書……… 政府の各省庁が、その所管する行政活動の現状や対策・展望などを国民に知らせるための報告書のこと。white paper（ホワイトペーパー）ともいう。

レクチャー

仕事の情報

　現在では、「情報」がビジネスチャンスを左右するといってもいいでしょう。情報をどのように収集して、選択し、活用するかが重要なポイントになります。

　そのためには、自分の仕事にとって、どのような情報が必要なのかを見きわめ、精度の高い情報を集めなければなりません。

　情報を収集するには、自分なりの情報源をもつことが大切です。

主な情報源

インターネット	さまざまな検索サイト
マスメディア	新聞、テレビ、ラジオなど
出　版　物	書籍、雑誌など
ミ　ニ　コ　ミ	地域のタウン誌、企業の広報誌など
官　公　庁	白書、各種の統計データなど
図　書　館	豊富な書籍、新聞の縮刷版など
人的ネットワーク	他業種、他分野の人たちとの交流
セミナー・講演会	特定のテーマ、講師
仕　事　現　場	商品の売場、サービスの利用場所の実態

情報収集のポイント

・世のなかの動きに対して、つねに関心をもつ。
・問題意識をもって情報に接する。
・視野を広げて関連情報を調べる。
・同じテーマについて時系列的に調べる。
・人的ネットワークをもつための信頼関係を構築する。
・収集するだけでなく、自分からも発信する。

インターネットによる情報収集

　短時間に大量の情報を入手することができます。しかし、信頼できる情報と、フェイクニュースや口コミ操作などの信頼できない情報があることに、注意する必要があります。

情報の収集と発信

　比較検討するためにも、多くの情報を集めることは必要です。

　集めた情報を取捨選択し、必要なものを加工して用い、新たな情報を発信します。

　必要なものと不必要なものを見きわめる目を養いましょう。

インターネットによる情報発信

　自分自身のホームページやブログ、また、SNSなどを通じて、情報を発信することもできます。情報を通じて、人的なネットワークが広がる可能性もあります。ただし、個人情報、自社商品の秘密や会社の情報は発信しないことが原則です。

ワーク

1．次の文章で「客観的な情報」はどの部分でしょうか。下線（———）を引きましょう。

---

(1)「○○君が、今朝も遅刻したのは、きっと、夕べも、いつものように遅くまでテレビを見ていて、朝寝坊したからですよ」

(2)「A社が新規事業に乗り出すのは、既存の製品ではマーケットのニーズに合わなくなったからではないでしょうか。中心的な製品であるC型の売上は、昨年に比べて15％下回っています。また、生産ラインの稼働率も80％に落ちています」

2．文章には、「主張」と、「情報伝達」があります。次の文章はそれぞれどちらでしょうか。

---

(1) 昨今、企業間競争が厳しいなか、各企業とも収益を上げる新製品やサービスの開発に取り組み、いかに出費を抑えるかという点を重視している。

(2) グローバル化にともないコンプライアンスも厳しく言われている。当社においても、マーケットのニーズに的確に対応した製品を提供すると同時に、大口の取引先獲得に力を入れなければならない。そうしないかぎり、当社は危機的な状況に陥ると考える。

第4章

仕事のスキルと知識

113

② 筋道を立てて考える方法

課　　長　「木戸さん、今月の売上はどうですか？」

木　　戸　「はい。現時点での目標の達成率は、89%で苦戦しています。定期訪問以外に、新規顧客を1日に3件訪問していますが、どこの会社も経費の削減をしていて、なかなか予算が出ないとのことで、新規の受注には至っていません。また、○○社が類似商品を通常の1割引にしているため、当社は厳しい状態におかれています」

課　　長　「そうか……。では、作戦の練り直しが必要だな」

Q1 事例の木戸さんの答えに、課長は「当社は厳しい状況におかれている」と納得しています。そのように感じたのはなぜでしょうか。納得を得たポイントをあげてください。

Q2 ある採用面接で、以下のような質問と回答がありました。

面接官「当業界について、あなたの考えを聞かせてください」

応募者「昨今、企業間競争が激しい貴業界においては、各企業とも収益を上げる新製品やサービスの開発に取り組むとともに、いかに出費を抑えるかという点に重点をおいています」

上記の応募者の回答は、説得力があるとはいえません。どこが問題か指摘しましょう。

用語解説

ロジカルシンキング
…… 物事を体系的に整理し、筋道立てて、論理的に思考する方法。

フレームワーク
…… 目標達成や課題解決などのさいに役立つ思考の枠組み。

因果関係…… 複数のものごとの関係について、片方が原因で他方が結果である考え方。

相関関係…… 複数のものごとの関係について、片方がなければ他方もありえないという考え方。

レクチャー

論理的に考える

「論理的に考える」とは、「筋道を立てて考える」ということです。相手を理解し納得させるためには、筋道を立てて伝えることが大切です。そのためには、まず、結論を述べ、結論を説明する根拠（論拠）を述べることが重要です。

表現するさいの注意点

①言葉の定義や意味を明確にする。

②論理の飛躍に気をつける。

③結論(主張)と論拠(根拠)を明確にする。

④事実(客観情報)と憶測や自分の意見(主観情報)を区別する。

⑤ものごとについてもれることなく、重複することなく考える。

⑥具体的な数値を用いて表現する。

論理の組み立ての方法

●演繹法（えんえき）

正確なデータや根拠、ルールなどの裏づけをもつことによって、正しい結論が導き出されます。

〈例〉①S議員は、有権者に100万円を手渡し、自分に投票するように頼んだ。
②有権者にお金を渡して投票するように頼むことは選挙違反である。
③S議員は、選挙違反で罰せられるべきだ。

●帰納法（きのう）

具体的な事例から結論を導きます。結論は、あくまでも考えられること（予測）です。「～である」という断定ではなく、「～であろう」という推測になります。

〈例〉①昨年度、A社の利益は前年度を下回った。B社の利益も前年度を下回った。A社とB社に共通するのは、新商品の売上が伸びなかったことである。
②今年度、C社も新商品の売上が伸びなかった。また、C社は、広告費、人件費、材料費などの出費が、A社とB社を上回っている。
③今年度のC社のような状態で、前年度の利益を上回った会社の例はない。
④今年度、C社は前年度の利益を下回ると考えられる。

筋道を立ててわかりやすく表現する

①まず、結論を述べます。

②次に、状況や経過などの説明を加えます。

避けるべきあいまいな表現

<例>
「一生懸命がんばります」
「全然ダメです」
「どこかの会社が」
「かなり安いです」

「一生懸命」「がんばる」「ダメ」「どこか」「かなり」など、あいまいな表現は、ビジネスでは避けるべきです。

具体的、客観的な表現で、事実を的確に伝えることが求められます。

演繹法

抽象的な原則から、具体的な事例を導く考え方です。

帰納法

具体的な事例から、抽象的な結論を導く考え方です。

ワーク

1. 次は、「私の自慢」というタイトルの文章ですが、それぞれにおかしなところがあります。指摘しましょう。

> （1） 私はプラス思考人間です。今まで生きてきて、楽しいことはずっと続くものではないことを知りました。そのため、たとえ自分の思うようにはいかないことが起こっても、いろいろな見方をし、前向きに受け止めています。そして、つねにこれからの自分、また、これから先の将来への期待をしています。そのため、よりよい自分をめざして、毎日生活をしています。自分を含め、人に対してまっすぐに向き合っており、明るく笑顔で生活しています。
>
> （2） 私は、5年間テニスをしています。ラケットに一度も当たらない初心者のころからほとんど毎日厳しい練習をこなし、全国大会へ出場することができました。努力した成果が形となって表れることで大きな達成感となり、困難を乗り越えると大きな喜びがあることを知りました。

2. 次の文章は「論理的」ではなく、結論は「正しい」とはいえません。どこがおかしいかを指摘しましょう。

> （1） 仕事のできる人はかっこいい。Kさんはかっこいい。だから、Kさんは仕事ができる。
>
> （2） Aさんは一流といわれるZ校を卒業して、一流企業のX社に入社した。その後Aさんは、幹部候補として引き抜かれて、Y社に転職した。BさんもZ校を卒業して、Aさんと同じX社に入社した。だから、Bさんは必ずY社に転職する。

3. 次は、ある会社の営業会議での会話です。吉井さんの言ったことにはおかしなところがあります。指摘しましょう。

> 課　長 「今期の実績は、昨年を下回っています。現状を早急に打破する策を考えてください」
>
> 吉　井 「はい。まず現状を見定めたうえで営業担当者個々の能力を引き上げることが最重要課題だと思われます。同時に、当社の商品ラインアップを見直し、分野別の弱点を洗い出して、それに応じた戦略的な営業施策を打ち立てることが必要だと思われます。それによって、他社との差別化が可能になり、現状を打破することが可能になると思います」

三　　田　「調査の結果、今もっとも求められているのは、駅前地域の顧客拡大に重点をおいた施策であると思われます」

課　　長　「概略と経費の点はわかった。しかし、現状の人員で実行は可能かな？」

三　　田　「はい、人員につきましては、別紙資料に記載しております。セール期間、パート社員とアルバイトを10人雇用することを考えています」

Q1 次のプレゼンテーション手法の特徴をあげましょう。

手　法	特　徴
①プロジェクター上映	
②ホワイトボード記入	
③資料配布	
④実演（デモンストレーション）	

Q2 相手が納得できるよう効果的に話すには、どのようなことに気をつければよいでしょうか。

	注　意　点
内容	
態度・表情	
言葉づかい	
発声・語調	
話す速度	

用語解説

プレゼンテーション
…… 相手の行動を誘発するためのコミュニケーションの手法のこと。相手の事情に合わせて、限られた時間内に、自分の伝えたい内容を的確に表現して伝える。プレゼンテーションでは、パソコンやプロジェクター、パワーポイントなどのソフトウェアもツール（器具・道具）として用いられる。

クライアント… 依頼人のこと。とくに、広告代理店などに依頼した広告主や得意先のこと。

クロージング… 商談や打合せがまとまったあと、その会合を終わらせる方向に導く会話方法のこと。

第4章

仕事のスキルと知識

レクチャー

プレゼンテーションの進め方

①導入として、自己紹介を行い、プレゼンテーションの目的と概要を説明します。

②聞き手に興味をもたせ、関心に訴えかけます。聞き手の反応を見ながら、重要な部分は強調して本論を展開します。

③聞き手に意図を明確に伝えるために、クロージングとして、内容を要約して結論を述べます。

プレゼンテーションを成功に導くポイント

●事前準備

内容とアピール点を整理し、必要なツールを用意します。

正確な内容 相手の要求を理解し、それに合致した内容を提示する。

論理的な裏づけ 主張を的確に表現して明確に結論づける。筋道立てて展開し、内容が一貫していることが必要。

具体的な表現 データや数字で具体的に示す。

●自信

態度や姿勢などパフォーマンスも工夫して、話し手の熱意と意欲を表現します。

●リハーサル

本番の時間配分のとおりに進め、結果について検討します。過不足があれば、本番に備えて改善します。

伝達力を高めるためのポイント

・伝えるべき内容を十分把握している。

・自分の意見や思いを伝える。

・自分の言葉で表現する。

・聞き手が理解できる表現を用いる。

・他者の意見の模倣や、メッセージの丸暗記、暗記の再現は避ける。

・聞き手の反応に合わせて、伝え方を工夫する。

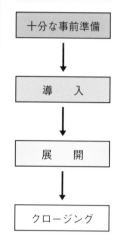

プレゼンテーションの進め方

◆ プレゼンテーションでは、視覚に訴えかけると、よりわかりやすくなります。

パソコン：

文字だけでなく、図や絵などが示せるパソコンのソフトなどを使ってみましょう。

図表：

今後の流れや手順などを目に見える状態にすると、よりわかりやすくなります。たとえば、進行順を図で表すフロー図があります。

〈フロー図の例〉

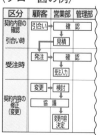

1. 次の文章をプレゼンテーション用に、わかりやすく箇条書きにしてみましょう。

   「人事や労務に関する法律には、労働基準法、労働組合法、労働関係調整法があります。労働基準法にかかわる法律には、労災保険法、労働安全衛生法、雇用保険法、男女雇用機会均等法、育児・介護休業法、労働者派遣法などがあります」

2. 次の内容をわかりやすくするため、以下にフロー図で表しましょう。

   「この商品をご注文いただく場合、ハガキ、電話、インターネットの3種類の方法があり、ご注文の方法によって発送の期日が異なります。ハガキをご利用の場合は約5日後、お電話の場合は2日後、インターネットでお申込みの場合は即日に発送いたします」

 自分の仕事はつねに見直し、改善する

課　　長　「今年の数値目標に向けて、現状はスムーズに進んでいる。だが、後期に
　　　　　向けて気を引きしめてがんばろう」

桑　　島　「はい。よりよくするためにどうすればいいか、つねに考えるようにしな
　　　　　いといけませんね」

課　　長　「そのとおり。今は問題ないからといって油断していると、目標達成さえ
　　　　　危くなることもある。現状チェックをして、問題点の洗い出しをしておく
　　　　　ように」

木　　戸　「はい。どこが改善できるか、皆で確認します」

考えてみよう

Q1 日常の仕事を改善するため、適切なものをすべて選びましょう。

- a．問題の原因を追究することより、改善結果を予測することを重視する。
- b．仕事の手順をもっと簡単にできないか、ムダはないかという発想をする。
- c．仕事に問題点はないという考えで、現状を見直す。
- d．頭だけで判断するのではなく、実際に人の動きや物の流れを観察してみる。
- e．改善による効果や影響を考え、複数の改善案を作り検証する。

Q2 次の文章の（　　　）に当てはまる適切な語句を下記の語群より選び記入しましょう。ただし、1語について1回のみ使用します。

　仕事をより質の高いものにするには、①（　　　　　）意識をもつことが大切です。

　自分の担当分野だけではなく、つねに ②（　　　　）を見渡し、現状が当たり前という考えではなく、より上をめざすという意識をもちましょう。

　具体的には、現状の仕事の質を保ちながら、より ③（　　　　）化できる方法や、仕事の目的と④（　　　　）を考え、⑤（　　　　）がないか観察することです。

　また、結果をほかに ⑥（　　　　）できないかという発想も大切です。

> 【語群】
> ムダ ・ 応用 ・ 目標 ・ 省力 ・ 問題 ・ 全体

用語解説

問題‥‥‥‥ あるべき姿と現状との差のこと。または、解決しなければならない過去の事実。

改善‥‥‥‥ 問題点を改めて、よりよくなるように変えること。

課題‥‥‥‥ 与えられる題目や主題。解決しなければならない問題、または果たすべき仕事。

実績‥‥‥‥ 実際にやりとげた成果、業績、効果、結果。実際に、過去に生産したり消費した物質の量。

前年対比‥ 昨年度と本年度の実績を比較した割合。

レクチャー

仕事の見直しと改善

　自分の仕事が円滑に進んでいるようであっても、目に見えない問題が隠れていたり、将来問題となりかねないこともあります。慣れた日常的な仕事でも、つねに見直し、改善して取り組む必要があります。

　仕事では、いろいろな問題を解決することが、成果を生むといえます。

仕事の見直しと改善に対する姿勢
・仕事の目標を認識する。
・問題意識をもつ。
・変化に対して敏感になる。
・種々の角度から現状を見る。
・他の意見や考えを謙虚に受け入れる。
・責任の転嫁をしない。
・問題を解決するという強い意志をもつ。

改善を考えるためのポイント
・今の仕事の全体に対する重要性（貢献度）はどのくらいか。
・簡素化することはできないか。
・省くことはできないか。
・ほかに応用することはできないか。
・新しい結果を求めることはできないか。

問題の発見から解決の流れ

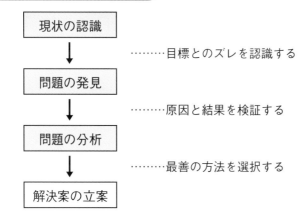

現状の認識
　↓　　………目標とのズレを認識する
問題の発見
　↓　　………原因と結果を検証する
問題の分析
　↓　　………最善の方法を選択する
解決案の立案

次はある店の現状です。記述を読み、以下の設問について考えましょう。

〈売上状況〉

今年度の半期末における売上は、前年対比85％で、今期の前期目標の71％であった。今年度の半期末における利益は、前年対比40％であった。

〈顧客アンケートに書かれていた内容〉

・スタッフのお客さまに対するマナーがよくない。

・待たせる。

・対応が遅い。

・よそのほうが安い。

・品質はいい。

〈環境変化〉

・昨年ととくに変わった状況はない。

1．この店は、何が「問題」でしょうか。

2．問題点を改善するために、何を「課題」にすればよいでしょうか。

 # 「これだ！」と思わせる企画書の作り方

中　　西　「……このような現状分析にもとづきまして、『モデル交換割引キャンペーン』を展開しますと、御社の新製品Y-1型は、旧モデルの売上に比較して20％増の成果が期待できます」

田 中 様　「ほう！　よく考えられた企画ですね」

中　　西　「ありがとうございます。成功すれば、業界トップも夢ではありません。ぜひご検討ください」

考えてみよう

Q1 次の文章の（　　　　）にあてはまる適切な語句を下記の語群から選び記入しましょう。ただし、1語につき1回のみ使用します。

　企画においては、論理性や創造性とともに ①（　　　　）性も重要な要素となります。アイデアを出す段階では、質よりも ②（　　　　）を求めることに重点をおき、③（　　　　）を判断しないように心がけましょう。

　出されたアイデアを加工したり、組み合わせることによって、別のアイデアが生まれることもあります。説得力のある企画にまとめるには、まず提案先の ④（　　　　）を収集します。そして、⑤（　　　　）を把握しなければなりません。

　次に、企画の立案に至る背景を、客観的な ⑥（　　　　）や事実を用いて示す必要があります。同時に、相手の ⑦（　　　　）と ⑧（　　　　）の両方を明らかにしておくことも重要です。進行中に起きそうな ⑨（　　　　）も予測し、対応策を考えておきます。

　また、いかに優れたアイデアでも ⑩（　　　　）性を無視したものは通用しません。第三者に提出する場合などは、相手の ⑪（　　　　）に立って考えておきましょう。

　企画書のタイトルは、内容を ⑫（　　　　）に表し、かつ、⑬（　　　　）のあるものにします。

【語群】
情報 ・ 立場 ・ 採算 ・ メリット ・ データ ・ インパクト
ニーズ ・ 現実 ・ 量 ・ 簡潔 ・ 問題 ・ 優劣 ・ デメリット

用語解説

戦略……………… 競争を避けながら有利に展開するための策略またはその計画のこと。市場に多くの競争相手がいるなかで、実際に競争をする前に有利な状況をつくり出す。

キャンペーン… 目的をもって、限られた枠で多くの人々に働きかけること。企業、団体、あるいは個人が、社会に対する宣伝活動を行うこと。または、その活動や運動のこと。

インフルエンサー
　　　　…… 世間や人々の思考・行動に大きな影響力を与える人物のこと。

企画作成の必要性

　高度化・複雑化した社会では、技術の進歩にともなって会社の環境も大きく変化しています。社会のニーズに応じた製品やサービスの開発とともに、新規事業の開拓も求められています。

　また、会社内部での仕事の進め方や業務システム、組織・制度の見直しも迫られています。そして、顧客の抱える課題を解決する提案が求められています。そのためには、さまざまな問題への解決策を用意しなければなりません。そこに企画立案の必要性が生じます。

〈企画の例〉

社内向け	経営企画、営業企画、販売促進企画、人事企画、業務改善企画、製品・サービスの企画、イベント企画、新規事業の企画など
社外向け	製品・サービスの企画、顧客の問題解決の企画など

企画の対象

社内向け：
　自社内における提案
社外向け：
　顧客に向けた提案

企画書作成のポイント

①読む対象は誰かを明確にする。

②インパクトのあるタイトルを考える。

③論理的に展開し、説得性をもたせる。

④日程・計画や予算を記述する。

⑤具体的に記述する。

⑥グラフや図表を用いて視覚に訴える。

企画書の構成例

①表　　　題　内容を簡潔に表したもの

②企画の趣旨　企画の背景

③企画の目的　企画の目標や対象

④現状分析　強み、弱み、問題点など

⑤企画の内容　具体的な内容と到達点

⑥企画の効果　予想される効果

⑦データなど　裏づけのためのグラフ・図など

⑧企画の日程・予算・人員など　実現のために具体化したもの

次の順番に沿って、「自分自身」を売り込むための企画を作成してみましょう。

（1）自分の誇れるところ／自分の優れているところ

（2）「自分の誇れるところ／自分の優れているところ」を活かして成果を上げたこと
　　※仕事・アルバイト、学校生活などでの具体的な体験を書いてください。

（3）上記（2）の体験から学んだこと

（4）「自分の誇れるところ／自分の優れているところ」は、今後の仕事でどのように活かすことができるか
　　※200字以内でまとめてください。

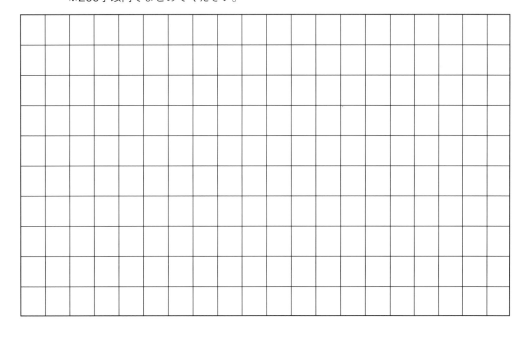

第4章

仕事のスキルと知識

6 お客さまがほしいモノを作って提供するために

> わが社はお客さま満足を考えた対応で勝負するべきです。

佐　藤　「わが社は技術力で勝負すべきです。技術のいいモノは品質がいいのですから。だから、売れるに違いありません」

木　戸　「わが社は価格で勝負すべきです。ウチの価格は他社には絶対に負けません。製品をたくさん作ったら、コストも安くなる。だから、安い値段を付けることができます。どんどん作って、どんどん売りましょう」

桑　島　「わが社はセールス力と宣伝で勝負です。ウチは優秀な営業ばかりだし、宣伝もお金をかけてどんどんやれば、売上トップになります」

三　田　「わが社の店は駅前ばかりだから、場所もよく、人の流れが多い。お客さまがどんどん来ます。この立地条件だけで業界トップになれますよ」

中　西　「わが社はお客さま満足を考えた対応で勝負するべきです。お客さまが何を望んでいるかを調べて、それを製品化する。そうしたらきっと売れますよ」

考えてみよう

Q1 「お客さま」と「顧客」を使い分けたとき、違いは何かを考えてみましょう。

Q2 次の文章の（　　　　）に当てはまる適切な語句を語群より選び、記入しましょう。ただし、1語につき1回のみ使用します。

　　会社が競争に打ち勝っていくには、お客さまの ①（　　　　　）を的確につかみ、お客さまが ②（　　　　　）する商品やサービスを提供しなければなりません。目に見える（①）だけではなく、潜在的な（①）も掘り起こすことが求められます。

　　また、市場をより細かく分けて、自社が ③（　　　　　）とする市場を絞り込むことも重要です。市場全体にマーケティング活動を行うよりも、たとえば、④（　　　　　）別、⑤（　　　　　）別、収入別、⑥（　　　　　）別に分類します。そして、価値観、購買回数、⑦（　　　　　）などについても分類し、集中的に活動を行うほうが合理的です。競合する他社や ⑧（　　　　　）の商品やサービスを研究することも必要です。

> 【語群】
> 職業　・　購買量　・　居住地域　・　年齢　・　他業種
> 満足　・　ターゲット　・　ニーズ

用語解説

お客さま満足………… お客さまの立場で考え、そのうえで自分（あるいは自社）が貢献できることは何かを考えて行動すること。ただし、お客さまのためであっても、できること・できないこと、してよいこと・してはいけないことの区別は必要である。

マーケティング…… 製品やサービスの開発から顧客への提供までを通して、顧客を引き付ける一連のしくみをつくる活動のこと。一般に、どういう製品を作り、いくらで、どういう経路で、どのように売るかということが検討対象となる。

ワン・ツー・ワン・マーケティング
　　　　…… 個別対応型のマーケティング手法。Webページや電子メール、バナー広告を通じて多数の顧客と個別のコミュニケーションを行うなどがある。

131

レクチャー

マーケティングとは

マーケット（市場・消費者）が何を求めているのかを探り、それに対応するための活動の総称をマーケティングといいます。

マーケティングには、2つの活動があります。

マーケティングリサーチ　市場調査。消費者の求めているものや求めていることを分析する。

マーケティング戦略　目に見える需要を満たし目に見えない需要を開拓する。

消費者の満足を導くという点では、マーケティングは企業活動の中心でもあります。

マーケティングの4P

①どのような製品を、②いくらで、③どのような流通経路で、④どのような販売促進を行って市場に提供するかの4点をバランスよく組み合わせることにより、マーケティングを行います。

4つの単語の頭文字をとり、4Pと呼びます。

ただし、すべての基本には、「お客さま満足」がなければなりません。

① Product （ 製品 ） 消費者の需要に合う製品の開発	② Price （ 価格 ） 効果的な価格の設定
③ Place （ 販売チャネル ） 効果的な販売経路の決定	④ Promotion （ プロモーション ） セールス・広告などによる、消費者の需要の掘り起こし

上記のマーケティングの4Pは、マーケティングミックスともいわれ、伝統的なマーケティングの手法です。ほかにも、3C分析、SWOT分析などがあります。

マーケティング戦略の基本

市場の細分化
対象となる市場の特徴にもとづいて細分化する。

↓

標的市場の選定
細分化した市場のなかで選定する。

↓

競争的ポジショニング
市場でどのような立場にいるかを測定し差別化を図る。

↓

マーケティングミックスの決定
・製品
・価格
・販売チャネル
・プロモーション

3C分析
Customer（顧客・市場）、Competitor（競合）、Company（自社）の3つの視点から行う分析です。

SWOT分析
自社の外部環境と内部環境をStrength（強み）、Weakness（弱み）、Opportunity（機会）、Threat（脅威）の4つの要素で行う要因分析です。

ワーク

　自分の周囲でヒットしていると思われる商品・サービスをいくつかあげ、なぜヒットしているか考えてみましょう。

商品・サービス名	ヒットの理由
（例）・音楽ストリーミングサービス	（例）・CDなどを買わなくても、音楽を定額で自由に聴くことができる。

第4章

仕事のスキルと知識

7 会社のなかでのお金の使われ方

三　田 「中西さん、今年は売上が大きかったから、ボーナスは期待できますよね。
　　　　僕たち、今年入社したばかりですから、ボーナスは初めてもらうんですよ」

中　西 「いや、今年はけっこう厳しいぞ」

三　田 「売上は、去年を大きく上回ったって聞いてますよ」

中　西 「いくら売上が大きくても、出ていくお金も大きければ、残るお金は少な
　　　　くなるよ」

三　田 「出ていくお金って何ですか」

中　西 「費用のことだよ。原材料費も値上がりしているし、人件費も上がって
　　　　いるし。とくに、ウチのように、輸出に頼っている会社は、円高で為替の
　　　　差損が大きいんだ」

考えてみよう

Q1　次の文章の（　　　　）に当てはまる適切な語句を語群より選び、記入しましょう。ただし、1語について1回のみ使用します。

　ある会社の売上総利益が、マイナスになってしまいました。どうしてでしょうか。まず、考えられるのは、①（　　　　）が低いということでしょう。その原因はいろいろあります。たとえば、商品の②（　　　　）が高すぎてお客さまの予算に合わなかったのかもしれません。商品自体がお客さまのニーズに適していなかったのかもしれません。③（　　　　）が足りなかったのかもしれませんし、④（　　　　）面での努力不足や流通過程での問題などもあるでしょう。

　次に、考えられるのは、⑤（　　　　）が高い場合です。⑥（　　　　）を重んじて、高い材料を仕入れたのかもしれません。しかし、あらゆる商品には原価があるのですから、原価意識をもって製品作りをする必要があります。

【語群】　品質　・　営業　・　売上高　・　価格　・　仕入れ価格　・　宣伝

Q2　次の文章の（　　　　）に当てはまる適切な語句を語群より選び、記入しましょう。ただし、1語について1回のみ使用します。

　ある会社の営業利益がマイナスになってしまいました。どうしてでしょうか。さまざまな原因が考えられますが、たとえば、パンフレットやチラシ、ポスターなどの①（　　　　）費が多すぎるのかもしれません。また、光熱費がかかりすぎていたり、売上と比較して、社員の②（　　　　）が高すぎるのかもしれません。

　働く一人ひとりが、③（　　　　）を意識して仕事に取り組む必要があります。

【語群】　コスト　・　広告宣伝　・　給与

用語解説

売上高………　ある期間に品物を売って得た代金の総額のこと。
売上総利益…　「売上高」から「売上原価」（売り上げた商品の原価、製品を作るのに要した費用）を差し引いたもの。「粗利（あらり）」ともいい、事業の成長の度合いを示す。
営業利益……　「売上総利益」から「販管費」を差し引いたもの。事業活動本来の結果を表す。
販管費………　「販売費及び一般管理費」の略。販売するのに要した費用や管理に必要な費用。
営業外収益…　受取り利息や株の配当金など。本来の事業活動以外で収益となるもの。
営業外費用…　支払い利息や為替差損など。本来の事業活動以外で支出するもの。
固定費………　生産高や売上高の変化にかかわりなく生まれる費用のこと。
変動費………　生産高や売上高とともに変化する費用のこと。

レクチャー

会社の「お金」の動き

　会社の「お金」の動きは、①いくら売って、②いくら使って、③いくら残し、④残ったお金をどのように使い、⑤どのように増やすか、ということが大きな基本になっています。

①いくら売ったか

　商品の種類がいくつあって、単価がいくらの商品をいくつ売ったかのすべての合計が売上高です。

②いくら使ったか

　売上を得るのに、どれくらいの原材料費がかかったのかということです。

　たとえば、製造業の場合、物を作る材料や部品代にいくらかかったのか、レストランであれば、原材料の野菜や肉や魚などを仕入れるのにどのくらい費用がかかったかということです。

③いくら残したか

　②のいくら使ったかを①の売上高からマイナスすると、いくらお金が残ったのかが算出されます。

④どのように使うか

　③がそのまま会社に残るわけではありません。

　会社には、働く人がいて、人件費がかかります。社員の給料や交通費、社会保険等の支払いがあります。また、ECサイトを作ったり、新聞やチラシ、雑誌、テレビ、インターネットなどで商品を宣伝したりするのであれば、広告・宣伝費もかかります。パソコンやコピー機など機器の費用、文具代や光熱費、書類や商品の送料など、諸経費といわれるものも必要です。これらの費用をさらにマイナスしなければなりません。

⑤どのように増やすか

　①～④で、会社の営業活動から得られた結果が示されます。しかし、これで会社の利益が算出されたのではなく、営業以外の部分で生まれる収支もプラス・マイナスする必要があります。

　もし、会社が銀行などからお金を借りているとしたら、その利息を支払わなければなりません。また、株式を所有していることによる配当金が支払われることもあります。輸出入にかかわっているのであれば、円高・円安による為替の差額が生まれます。

いくらお金が入ってきたか
〈売上高〉

マイナス（－）

原材料費としていくら支払ったか
〈売上原価〉

イコール（＝）

いくらお金が残ったか
〈売上総利益〉

売上総利益（粗利益）

マイナス（－）

給料・交通費・宣伝費・家賃などでいくら支払ったか
〈販売費及び一般管理費〉

イコール（＝）

会社の営業活動を通して、いくらもうかったか
〈営業利益〉

営業利益

マイナス（－）

利息・為替損益・配当金などでいくら入金し、支払ったか
〈営業外損益〉

イコール（＝）

会社の活動全体でいくらもうかったか
〈経常利益〉

◆　自社ビルであれば固定資産税や維持費がかかり、オフィスが賃貸であれば家賃がかかります。事業にかかわる税金も納める義務があります。

ワーク

1. ある会社の実績は次のとおりです。算式を使って損益分岐点を算出してみましょう。

算式	固定費÷｛1－（変動費÷売上高）｝

月間の売上高　　　　　500万円

固定費　　　　　　　オフィスの家賃　　　15万円　　　　オフィスの光熱費　　　5万円

変動費　　　　　　　仕入れ費用等　　　300万円

2. 損益分岐点は高いほうがよいのでしょうか。低いほうがよいのでしょうか。理由とともに考えてみましょう。

【参考】損益分岐点

収益と費用の額が等しくなり、損益がゼロとなる売上高のこと。損益分岐点売上高、採算点ともいう。売上高が損益分岐点未満であれば損失が生まれ、超えると利益が生まれる。

式：固定費÷｛1－（変動費÷売上高）｝

イニシャルコスト

……事業を開始する場合や、生産に必要な費用（生産費）、商品を開発する場合などの初期の投資費用。それに対し、事業の軌道に乗せた後、維持・操業のためにかかる費用をランニングコストという。

 会社の健康状態を知る方法

これを見て、どちらの会社が健康かがわかるんだ。

X社

	売上高	経常利益
本年度	6.5億円	1,100万円
昨年度	3.5億円	800万円
一昨年度	5.0億円	900万円

□ 資本金 5億円
□ 社員数 200名
□ 現金および換金可能な在庫 3億円
□ 借入金 4.5億円

Y社

	売上高	経常利益
本年度	4.0億円	900万円
昨年度	3.0億円	800万円
一昨年度	2.5億円	700万円

□ 資本金 3億円
□ 社員数 150名
□ 現金および換金可能な在庫 3億円
□ 借入金 2.0億円

課　　長　「X社、Y社は家電販売の会社だ。どちらも中堅なんだが、X社は老舗で、Y社は新興の会社だ。この3年間の成績はこのとおりだが、この表からどちらの会社が健康かがわかるんだ」

山　　本　「売上高や利益が高いほうが健康なのですか」

課　　長　「そうとはかぎらないよ。いろいろな角度から数字を見なければ判断は難しいな。たとえば、利益率が高いこと、売上高や利益が毎年伸びていること、社員一人当たりの生産性が高いこと、資本をうまく回転させていることなどがあげられる。それに、借金が少ないことも大切だ」

Q1　次のa〜dのうち、もっとも経営状態がよい会社はどこでしょうか。また、その理由も書きましょう。

　　a．売上が増えているが、経常利益は減少している。
　　b．売上が減少しているが、経常利益は増加している。
　　c．売上も増加し、経常利益も増加している。
　　d．売上が減少し、経常利益も減少している。

（　　　）

【理由】

Q2　次のa〜cのうち、借入金があるからといって、必ずしも経営状態が悪いとはいえない会社をすべて選びましょう。

　　a．社員が増えたので、社屋を新築するため銀行から融資を受けた。
　　b．新規事業に乗り出すので、銀行から設備投資の融資を受けた。
　　c．社員の給与を支払うため、代表取締役名義で消費者金融から借入れをした。

用語解説

資本金……… 資本のうち、株主が出資した金額のこと。会社法では、原則として発行済株式の発行価額の総額を指し、法定資本金とも呼ばれる。

経常利益…… 企業の経常的な（通常の）活動による利益のこと。本来の経営成績を示す最終結果として、重視される。

　　式：営業利益 ＋ 営業外収益 － 営業外費用

利益率……… 売上高または投下資本などに対する利益の割合のこと。

　　式：利益率 ＝ 利益 ÷ 売上高 × 100

リストラクチャリング
　　…… 企業が収益構造の再構築を図ることをいう。

第4章

仕事のスキルと知識

レクチャー

会社の健康状態

　会社の経営状態は、財務に関する書類「財務諸表」を見ることによってわかります。主な財務諸表には、貸借対照表、損益計算書、キャッシュフロー計算書があります。財務諸表によって、経営活動が健全に行われているか、今後の経営の課題は何か、会社の信用状態はどうか、などがわかります。

　自社の状況のみではなく、他社の決算書を見ることにより、取引するかどうかを判断するときの材料にもなります。

①貸借対照表

　決算日（期末）の会社の財政状態を表します。調達された資金（負債と資本）がどのように使われたのか（資産）を示します。

資　産　＝　負　債　＋　資　本

　資本が負債より大きい場合、財務状態は安定しているといえます。

②損益計算書

　一定の期間で会社がどれだけ利益を上げたかを表します。どのくらいの収益があって、どのくらいの費用を使ったかを示します。利益が大きいほど、会社の「成績」はよいといえます。

利　益　＝　収　益　－　費　用

③キャッシュフロー計算書

　会社の現金収支状況を表します。株式を公開している会社は、キャッシュフロー計算書の作成が義務づけられています。

①貸借対照表		②損益計算書	③キャッシュフロー計算書
流動資産	流動負債	売上高 売上原価（−） 売上総利益 販売費及び一般管理費（−）	営業活動によるキャッシュフロー
		営業利益	
固定資産	固定負債	営業外収益（＋） 営業外費用（−）	投資活動によるキャッシュフロー
		経常利益	
	資本	特別利益（＋） 特別損失（−）	財務活動によるキャッシュフロー
		税引前当期純利益	
		法人税、住民税及び事業税（−） 法人税等調整額	現金及び現金同等物の増減額 現金及び現金同等物の期首残高
資産合計	負債＋資本	当期純利益	現金及び現金同等物の期末残高

決算関連用語

決算：
　会計期間ごとに、取引に関する数字を集計し直すことです。通常、1年に一度本決算を行いますが、上場企業では、本決算以外に3か月ごとに行う四半期決算が義務づけられています。

資産：
　資金を使って得た財産のことです。

負債：
　他人・他所から調達した資金のことです。

資本：
　資産から負債を引いたものです。

収益：
　事業活動の結果、価値を生み出した金額のことです。

費用：
　収益を生むために使った経費のことです。

利益：
　収益から費用を差し引いたものです。

1．両社の3年間の売上高と経常利益の伸び率をグラフで表し、比較してみましょう。

【X社】

	売上高	経常利益
本年度	6.5億円	1,100万円
昨年度	3.5億円	800万円
一昨年度	5.0億円	900万円

■資本金　5億円
■社員数　200名
■現金および換金可能な在庫　3億円
■借入金　4.5億円

【Y社】

	売上高	経常利益
本年度	4.0億円	900万円
昨年度	3.0億円	800万円
一昨年度	2.5億円	700万円

■資本金　3億円
■社員数　150名
■現金および換金可能な在庫　3億円
■借入金　2.0億円

グラフ

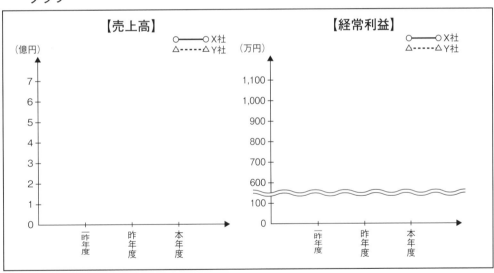

2．上記のX社とY社では、どちらが「健康」でしょうか。その理由も考えて記入してください。

（　　　社）

【理由】

⑨ 仕事のために 知っておくべき法律

課　　長　「J社との今回の契約の準備はできた？」

木　　戸　「はい、先方から案が届いています」

課　　長　「契約書の作成については、念入りに確認して、完璧なものにしなければ
　　　　　　ならないよ」

木　　戸　「はい、わかりました」

課　　長　「担当の部署にも確認を受けるといいよ」

考えてみよう

Q1 会社には、次の部署があります。それぞれの役割を記入しましょう。

部署名	役　　割
①人材開発室	
②経営企画室	
③広報室	
④法務室	

Q2 「個人情報の保護に関する法律（個人情報保護法）」で問題になるものをすべて選びましょう。

a．社員の住所、氏名、給与などを、会社で契約している社会保険労務士に伝えた。

b．社員の個人の携帯電話の番号を、親しい取引先の人に伝えた。

c．社員の身内の訃報（ふほう）に伴い、本人の住所、氏名、年齢を、関連部署や取引先の人に伝えた。

用語解説

民法………… 人の財産や身分に関する一般的な事項を規律する法律。
民事再生法… 経営が行きづまった会社の早期再建を目的として制定された倒産手続きの法律。経営者が再建業務を行う「会社更生法」に対し、破綻（はたん）する前に適用申請が可能であり、再生手続きがすみやかに着手される。
会社更生法… 経営が行きづまっている会社に対して更生を図るための法律。通常、会社が不渡りを出し、銀行から取引停止処分を受ければ倒産してしまうが、再建の見込みがあるのならば建て直しを図ろうというもの。
労働三法…… 「労働基準法」「労働組合法」「労働関係調整法」の3つの法律のこと。
独占禁止法… 私的独占の禁止及び公正取引の確保に関する法律。次ページ参照。
リコール…… 欠陥のある製品が出たときに、製造者や生産者が回収し、無料で修理すること。

法的な素養を身につける

　会社の仕事を取り巻く法律は数多くあります。会社も社会の一員として存在する以上、法やルールに則って活動しなければなりません。これは、働く個人にも求められることです。

　問題が起こった場合、法的な根拠にもとづき、迅速に適切に対応することがますます大切になっています。

　会社にかかわる法律はさまざまありますので、基本的なものは身につけておきましょう。

主な会社に係わる法律

会社に関する法律	民法、商法、会社法、民事再生法、会社更生法、食品衛生法、保険法など
労働に関する法律	労働基準法、労働組合法、労働関係調整法、男女雇用機会均等法など
取引に関する法律	製造物責任法、消費者契約法、金融商品取引法、手形法、小切手法、下請法など
社会や経済の公正・環境に関する法律	個人情報保護法、独占禁止法、大規模小売店舗立地法、著作権法、特許法、実用新案法、商標法、景品表示法、不正競争防止法、容器包装リサイクル法など

契約の成立

　契約は、当事者同士の申込みと承諾という2つの意思表示が合致することによって成立します。

　たとえば、Aさんが「これを売ります」と言い、Bさんが「それを買います」と言えば、お互いの意思表示が合致して売買契約が成立します。つまり、契約書を交わさなくても、口頭の約束だけで成立します。

　契約が有効に成立すると、当事者はこれに拘束され、契約を守る義務が生まれます。

種々の法律

会社法：
　会社の設立、組織、運営や管理について定めた法律です。

男女雇用機会均等法：
　正式名称を「雇用の分野における男女の均等な機会及び待遇の確保等女子労働者の福祉の増進に関する法律」といいます。募集・採用・配置・昇進における男女の均等な取り扱いを求め、定年・退職・解雇についての差別的な取り扱いを禁止しています。また、各種のハラスメントの防止などを事業主に義務づけています。

個人情報保護法：
　正式名称を「個人情報の保護に関する法律」といいます（P.92参照）。

製造物責任法：
　製品に欠陥があった場合に、製造業等の損害賠償責任を定めた法律です。PL法ともいいます。

独占禁止法：
　事業活動にあたり、私的独占、不当な取引制限、不公正な取引方法を規制する法律です。

著作権法：
　著作者の権利およびこれに隣接する権利を定め、著作の権利の保護を図ることを目的とする法律です。

1. 新規に中途社員募集の求人広告を出すことになりました。社内からは、「元気でやる気のある、できれば若い女性営業社員がほしい」との要望が出ています。あなたは広告の原稿の作成を任され、a〜dのように記載しようと案を先輩に見せたところ、「これは男女雇用機会均等法に反するよ」と注意を受けました。それぞれどこに問題があるのでしょうか。

---

a．若手営業職募集！　20代の女性に限る。

b．営業マン募集！　若手女性求む。

c．やる気のある営業レディ求む！　意欲的な若い方求む。

d．営業社員募集！　明るく元気で容姿のよい方求む。

---

2. a〜dの事例は、製造物責任法の対象になるでしょうか。考えてみましょう。

---

a．自社製造の玩具（がんぐ）で子どもが遊んでいて、転んでけがをした。

b．通常の使用方法で使われていた自社製造の電池が過熱し、やけどを負ったという報告が数件あった。

c．自社が企画開発し、G社に製造を依頼した機械に欠陥が見られた。

d．他国で作った部品を組み合わせた腕時計を自社ブランドとして発売した。その後、利用者から、ベルトの金具で腕に切り傷ができたとのクレームを多数受けた。

第4章

仕事のスキルと知識

知っておこう！
会社のルールとコンプライアンス

山　本　「中西さん、コンプライアンスって何のことですか」

中　西　「『法令順守』のことだよ。簡単にいうと、『法を守りましょう』ということだ。コンプライアンスはニュースや新聞、雑誌などで、よく話題になっているよね。目先の利益だけを考えて全体を見ないから、法に違反してしまうんだよね。広い目で見て考えて行動しないとね」

山　本　「よく大きなニュースになっていますね。冷静に考えると、決してよくないことだとすぐわかるのに、何でなくならないんでしょうね」

中　西　「そうだね。ウチはそんなことないはずだけど、社員一人ひとりが意識して守らないとね」

山　本　「はい」

考えてみよう

Q1 次の項目を「社会人として」の自分を振り返り、自己チェックして
みましょう。

項　　　目	チェック
責任を自覚して行動している。	
社外からは、会社の代表として見られることを理解している。	
仕事をすることは、商品やサービスを通じて社会に影響を与えることを理解している。	
法に反する行為をすべきではないことを理解している。	
社会正義や倫理に反する行為をしてはいけないことを理解している。	
他人の権利を侵す行為をすべきではないことを理解している。	
コンプライアンスを実現するには、一人ひとりの自覚が大切なことを理解している。	

Q2 a～eの事例は、コンプライアンス違反になるのでしょうか。違反
になるものをすべて選びましょう。

　　　a．横断歩道で赤信号を無視して横断した。
　　　b．食品の賞味期限が過ぎているのに延長して販売した。
　　　c．食品の製造日を偽って販売した。
　　　d．請求もれがわかったが、請求先が間違っているのでそのまま
　　　　　にした。
　　　e．順番待ちの列に順番を守らず横入りした。

用語解説

コンプライアンス
　　　……法令順守の意味。コーポレートガバナンスの基本原理の１つ。法律や規則といった法令を守るだけでなく、社会的規範や企業倫理を守ることまでも含まれる。

インサイダー取引
　　　……会社の関係者が、職務や地位によって得た未公開の情報を利用して、利益を得るために自社株などの取引を行うこと。法令違反を問われる。

レクチャー

コンプライアンス

　個人も会社も社会の一員であるかぎり、法や倫理に反する行為をするべきではありません。とくに、国際的に事業活動を展開する場合、国際的なルールや基準に則ることも求められます。

　会社に求められているのは、コンプライアンス（法令順守）です。

　コンプライアンスが欠けた場合、会社は大きな危機に陥ることもあります。まず、消費者や取引先からの信頼を失うことになります。また、株価が下がったり、事後の処理に費用もかかります。

　コンプライアンスは、会社全体の問題です。働く一人ひとりが法令を順守し、倫理に反さないように仕事に取り組まなければなりません。法律や各種の規則はもちろんのこと、社内の規則やルールを守り、企業倫理、理念に沿って行動することが大切です。

　また、日常生活でも、身の周りの法律やルール、社会規範などを同様に順守しなければなりません。

●CSR

　企業の社会的責任（Corporate Social Responsibility）のことです。行政や非営利団体だけではなく、企業も社会や環境などに責任をもち、持続可能な社会をめざす、という考え方をいいます。

　なお、株主が経営側に対しCSRを重視する経営を求めた投資を行うことを、**SRI**（Socially Responsible Investment：社会的責任投資）といいます。

●コーポレートガバナンス

　企業統治（Corporate Governance）のことです。健全な経営のあり方を実現するため、企業内部牽制のしくみや不正行為を防止する機能のことをいいます。

　情報の公開や、監査役の権限強化などの試みが行われています。環境や社会に配慮しながら企業統治に取り組む**ESG経営**を実践する会社も増えています。

企業の主なコンプライアンス違反の例

会社法関連：
　特別背任（大きな権限を与えられた役員等が、任務に背く行為をして会社に損害を与えること）

刑法関連：
　贈収賄、業務上横領

税法関連：
　所得隠し

独占禁止法関連：
　入札談合

金融商品取引法関連：
　インサイダー取引

過去のコンプライアンス違反の例

・食品の原材料や産地の偽装
・菓子類の期限切れ原材料の使用
・建築物の虚偽の耐震強度申請
・偽装請負
・介護報酬の不正請求
・自動車のリコール隠し
・保険会社の保険金未払い

ESG経営
　Environment：環境、Social：社会、Governance：ガバナンスを重視し、健全で持続可能な発展をめざす経営手法をいいます。

ワーク

1. 法を守らなければならないということは、当然のことであるにもかかわらず、違反が多々起こります。なぜ、コンプライアンスが守られないのでしょうか。考えられることをあげてみましょう。

（例）・法律やルールを守って仕事に取り組まなければならないことが、社内で徹底されていない。

2. コンプライアンスが求められる背景は何でしょうか。考えられることをあげてみましょう。

（例）・消費者が安心して商品やサービスを購入できるようにするため。

●著者紹介●

株式会社キャリア総研

企業における人事戦略や教育機関におけるビジネス教育のサポートを事業目的として、2001年3月に設立。CS（顧客満足）とインターナルサービスの充実を根底においた教育は、多くの企業や教育機関から高い評価を得ており、クライアントは公的機関・上場企業をはじめ、大学・専門学校・高等学校にもおよぶ。そのほか、キャリアアップをめざす社会人や学生を対象に、セミナーや講座も開講している。また、2013年から国家試験や公的試験、検定試験等、種々の資格取得のためのCBTのテストセンター会場を運営している。

京都市中京区御池通東洞院東入笹屋町436番地　永和御池ビル
TEL（075）253-5625
URL：http://www.careersouken.co.jp/

改訂版 仕事の常識基本テキスト

2023年11月30日　初版第1刷発行

著　者——キャリア総研
　　　　　©2023　careersouken
発行者——張 士洛
発行所——日本能率協会マネジメントセンター
〒103-6009　東京都中央区日本橋2-7-1　東京日本橋タワー
TEL 03（6362）4339（編集）／03（6362）4558（販売）
FAX 03（3272）8127（編集・販売）
https://www.jmam.co.jp/

装　丁——吉村朋子
イラスト——南出知花（イラストレーターズモコ）
本文DTP——株式会社明昌堂
印刷所——広研印刷株式会社
製本所——株式会社三森製本所

ISBN978-4-8005-9149-4 C2034
落丁・乱丁はおとりかえします。
PRINTED IN JAPAN

好評既刊図書

■ビジネス能力検定ジョブパス3級公式テキスト

一般財団法人職業教育・キャリア教育財団　監修

B5判 160頁

●内容——文部科学省後援ビジネス能力検定ジョブパス対応の唯一の公式テキスト。受験対象は就職活動を控えた方（専門学校生、短大・大学生等）。

■ビジネス能力検定ジョブパス2級公式テキスト

一般財団法人職業教育・キャリア教育財団　監修

B5判 168頁

●内容——文部科学省後援ビジネス能力検定ジョブパス対応の唯一の公式テキスト。受験対象は就職活動を控えた方（専門学校生、短大・大学生等）と社会人1〜3年程度。

■改訂版 ビジネスマナー基本テキスト

キャリア総研　著

B5判 176頁

●内容——ビジネス上の基本的なマナーについて、イラストとQ＆Aによる導入と箇条書き主体の解説文で、やさしく理解できる構成。章末には力試しと確認ができるように練習問題を掲載。

■接客サービス基本テキスト

キャリア総研　著

B5判 184頁

●内容——接客業に求められる知識についてQ＆Aでチャレンジしてから、イラストや箇条書き主体の解説文で理解できるやさしい構成。接客サービスの基本が確実に身につく1冊。

■就職活動のための　文章表現力基本テキスト

深尾 紀子　著

B5判 200頁

●内容——学生のために文章の書き方をステップ方式で具体的に展開したテキスト。専門学校生、大学・短大生を対象に、就職試験の小論文・作文、エントリーシート等の対策だけでなく、大学編入試験対策、ビジネス教育としても活用できる。

■イラスト図解！　就職活動ワークブック

鶴野 充茂　著

B5判 88頁

●内容——基本的な就職活動の進め方を図解とイラストで解説。自己分析を起点に就職活動に必要な基本コミュニケーションの対策練習を行い、各自に最適な就職活動へと導くワークブック。

改訂版 仕事の常識基本テキスト

解答例と解説

●第1章

1 考えてみよう（本文P.13）

Q1〈解答例〉

	学　　生	社　会　人
①言葉づかい	敬語を使う機会があまり多くない。	正しい敬語を適切に使わなければならない。
②身だしなみ	自分自身の満足のために、おしゃれを楽しむ。	人の目を意識し、人に不快感を与えないことが大切な条件となる。
③生活態度	・自分の都合で、生活のリズムをつくることができる。 ・不規則な生活になることもある。	・仕事や会社の都合を優先して、生活のリズムをつくる。 ・規則正しい生活になる。
④あいさつ	あいさつをしなくても、大きな問題となることは少ない。	社内・社外を問わず、誰に対してもあいさつをすることが、人間関係を円滑にする基本となる。
⑤その他 （　お金　）	授業料を払う。	給料をもらう。

Q2〈解答例〉

ぼく、わたし	⇒	わたくし
あなたは誰ですか	⇒	（失礼ですが、）どちらさまでしょうか
どうですか	⇒	いかがでしょうか
いいですよ	⇒	承知いたしました
わかりません	⇒	（申し訳ございませんが、）わかりかねます

1 ワーク（本文P.15）

1.〈解答例〉

	学　　生	社　会　人
①立場と役割	・親や家庭、学校に保護されている。	・社会の一員という自覚が強く求められる。
②責　　任	・何か起こった場合、親が責任をとることが多い。 ・自分で責任をとる機会は少ない。	・自己の責任が厳しく問われる。
③信　　用	・社会的な信用は低い。	・信用される言動が求められる。
④対人関係	・学内やアルバイト先などの人間関係のため、狭い関係である。 ・友人など「ヨコの関係」のつながりが多い。	・上司、先輩、お客さま、取引先など幅広い人間関係が必要となる。 ・上下関係など「タテの関係」が多くなる。
⑤学　　習	・教えてもらう。	・自ら求める姿勢がなければ、得る（教わる）ことができない。

2. 〈解答例〉
- ・社会の一員であるという自覚をもつ。
- ・幅広い関係を大切に、信用される言動を心がける。
- ・自ら学ぶ姿勢で、目標をもって取り組む。

2 考えてみよう（本文P.17）

Q1〈解答例〉
- ・電話の応対を通じて、ビジネスマナーの基本を学ぶため。
- ・資料の整理を通じて、仕事の内容を理解するため。
- ・顧客データの更新作業を通じて、パソコンの扱いに慣れるため。
- ・取引先やお客さまのことを知るため。

Q2〈解答例〉

電話の応対では、電話をかけてきた相手にとっては、山本さんが新人であるかどうかは関係がない。会社を代表している意識で対応しなければならない。資料の整理では、社内の人が使いやすいように、区分して整理する必要がある。また、顧客データの更新では、ミスのないよう気をつけなければならない。

つまり、自分の仕事を取り巻くすべての人を自分の「お客さま」と考え、その人たちが満足するような結果を出すという姿勢が重要である。

Q3〈解答例〉

電話の応対を通じて、お客さまの名前や取引先の会社名などを覚えられた。担当者を知ったことにより、親密度が増した。また、取り次ぎや伝言のさいに名前を覚えてもらったことにより、その後の営業活動を円滑に行うことができるようになった。

2 ワーク（本文P.19）

1. 〈解答例〉

仕事は、自分の能力を発揮し、自分の社会的な存在価値を表すものと考える。

私は、マーケティングの仕事を希望しており、仕事でどこまで自分の能力を発揮することができるかを知るために、存分に挑戦したいと思っている。そのために、まず、営業の仕事で営業力を高めるとともに、マーケットの動向を肌で感じられるよう努めたい。同時に、社内外の人的ネットワークを広げ、自分をより成長させていきたいと考えている。

〈解　説〉
何を目的として働こうとしているのか、働くことによって何を得たいのかなどを考えてみましょう。

2. 〈解答例〉

仕事の目標を設け、その達成のために責任をもってなしとげるとともに、困難な仕事にも積極的に挑戦して、業績を上げるよう努力する。また、報告、連絡、相談を欠かさないことで良好なコミュニケーションを図り、ルールやマナーを守ることにより人間関係も円滑なものにする。

その結果、職場において「かけがえのない」人物として評価を受け、周りから信頼されるようになることをめざしたい。

〈解　説〉

　積極的に仕事に取り組む、責任をもって自分の役割を果たす、ビジネスマナーを守る、よい人間関係を築くなどがあげられます。

3　考えてみよう（本文P.21）

Q1〈解答例〉

- ・一人で営業を行うのは初めての経験であり、何をどのように進めていけばよいのかわからないため。
- ・お客さまや取引先への対応や応対マナーに自信がないため。
- ・お客さまや取引先との商談のさい、うまく話せるかどうか自信がないため。

Q2〈解答例〉

- ・訪問するお客さまや取引先について情報を収集する。
- ・これまでの取引状況をまとめる（データを出力する）。
- ・セールスツール（カタログ、パンフレット、マニュアル、商品見本など）を準備する。
- ・上司や先輩に協力を頼んで、商談についてシミュレーションを行う。

　〈解　説〉

　以上のような準備をしっかり行うことにより、不安がやわらぎます。

Q3〈解　答〉

b、c、d

　〈解　説〉

　a…課長から「一人で営業に出てもらう」と言われているのに、先輩に同行を依頼することは、上司の指示に反することになります。

3　ワーク（本文P.23）

1.〈解答例〉

- ・自己成長しようとする人材
- ・何事にも積極的に取り組む人材
- ・創意工夫しようとする人材
- ・会社を通して社会貢献しようとする人材
- ・素直に人の意見を聞くことができる人材

2.〈解答例〉

- ・報告、連絡、相談が欠けることがある。
- ・困難な仕事に対する挑戦心が不足している。
- ・すぐに人に頼ってしまい、自力で解決しようという積極性が不足している。
- ・確認作業を怠ることがある。

　〈解　説〉

　たとえば、積極性や責任感、意欲などについて考えてみましょう。

3.〈解　説〉

　チェックリストの項目を心がけ、実行することにより「仕事の質」が向上します。仕事の質が向上すれば、お客さまに提供する商品やサービスの質も向上し、「お客さま満足」につながります。

Q1〈解答例〉

・人々の生活を豊かにしたり便利にしたりする商品・サービスを提供する。
・税金を納める。
・人々に働く場を提供し、給与を支払うことにより生活を保障する。

Q2〈解答例〉

・収入を得て、生活を支えるため。
・仕事を通じて、自分の夢を実現させるため。
・仕事を通じて学ぶことで、自分の成長を図るため。
・仕事を通じて、社会に貢献するため。

4 ワーク（本文P.27）

1.〈解答例〉

商品・サービス	変わったこと
①スマートフォン	・いつでもどこでも簡単に電話やメッセージの送受信ができるようになった。 ・いつでもインターネットにアクセスでき、情報入手が容易になった。 ・SNSで自分発信や仲間との交流、新たな人間関係の構築が進んだ。 ・カメラやテレビ、GPSナビゲーションなどさまざまな機能が使える。 ・電子決済機能ができるようになったことにより、キャッシュレス社会になった。
②オンラインストア	・実店舗に行かなくても商品やサービスを買うことができるようになった。 ・日本をはじめ世界中のあらゆる商品を自宅にいながら購入できる。 ・少ない資金で始めることができるため、自分で作った商品を売る個人サイトができた。 ・注文や売上、顧客情報の管理が容易にできるようになった。
③宅配便	・配達の速度が上がった。 ・時間指定の配達や置き配などにより利便性が増した。 ・宅配ボックスや受取用の宅配便ロッカーなど、荷物の引き取り方法が増えた。
④生成AI	・定型の業務が効率化・自動化されるようになった。 ・文書作成から、画像・音楽・映像などクリエイティブな分野の創作活動も変えつつある。 ・著作権において新たな問題等が出現した。

〈解　説〉

　「その他」として、フードデリバリー、ドローン、EV（電気自動車）、介護サービス、掃除代行業、音楽ストリーミングサービスなど、「便利」だと思われる商品やサービスをあげましょう。

　上記1.で取り上げた「もの」や「こと」によって、私たちの生活は便利で快適になったといえます。それらの「もの」や「こと」を提供しているのは、主に会社であることを認識しましょう。つまり、会社は大きな社会貢献を果たしています。私たちは、会社で働くことにより、社会に貢献していることになるのです。

2.〈解答例〉

・社会の一員として慈善活動を行う。
・地域の人を雇用することで住民の生活を守る。
・環境を守る自然保護活動や植林などの緑化活動を行う。

3.〈解答例〉

・募金をする。
・献血をする。
・災害時の被災者支援や地域の清掃美化活動を行う。

5　考えてみよう（本文P.29）

Q1〈解　答〉

b、c　【理由】〈解答例〉

　　　　休憩時間というのは自分の会社の事情である。お客さまの都合や事情を考えれば、すぐに対応するのが当然である。

Q2〈解　答〉

a　　　【理由】〈解答例〉

　　　　自分には「見知らぬ人」であっても、部長にとっては面識のある人、または有益な情報をもたらしてくれる人かもしれない。用件を聞いてから判断する。ただし、アポイントメントがない場合で部長が多忙なときは、面談の時間が取れないこともある。そのときは、アポイントメントを取ったうえで日をあらためて来ていただきたいと伝える。

5　ワーク（本文P.31）

1.〈解　説〉

　　すべての仕事の延長線上には、必ずお客さまの存在があります。つねにお客さまを意識し、お客さま満足を考えて仕事をしましょう。

2.〈解答例〉

　　品質や価格の面で優れていると思われても、お客さまの事情や要求に合わないものは、満足にはつながらず、お客さまが不満をもつことになる。

　　しかし、ワンランク上の幅広いサービスとして、知識と情報をもってお客さまと接し、優れている点を伝え納得してもらえた場合は、喜ばれることもある。

6　考えてみよう（本文P.33）

Q1〈解　答〉

　売　上　×　0.05（利益率）＝1,000（利益）の数式から算出する。

　1,000　÷　0.05　＝　20,000　よって、必要な売上は20,000円となる。

Q2〈解　答〉

b

〈解　説〉

　　人件費は給料以外の費用も含まれます。会社全体で、これらの費用の合計額を上回る利益を確保しなくてはなりません（P.34「仕事と給料」参照）。

6　ワーク（本文P.35）

〈解答例〉

①営業関係

・効率的なルートを考えて、交通費のムダをなくす。

・お客さまや取引先と商談をするとき、話をわかりやすく簡潔にまとめ、内容の手直しや再訪問などのムダをなくす。

・企画書などの資料は要領よくまとめ、デジタル化などで紙のムダ使いをなくす。

②事務関係
　・電話や電子メールは簡潔に要領よく行い、かける時間のムダをなくす。
　・書類を作成するときは、正確さを重視し、ミスをして紙をムダ使いしないようにする。
　・筆記用具など会社の備品は、大切に使用し、必要以上なものを購入しないようにする。
　・使用していない会議室などの照明や空調は消しておく。
③製造関係
　・機械の操作ミスがないよう気をつける。
　・生産計画に沿って仕事を進める。
④販売関係
　・過剰な包装をしない。
　・バックヤードなどの不要な照明は消しておく。
⑤その他
　・効率よく仕事を進め、残業をしないよう心がける。
　・会議は長時間にならないよう、協力して結論を導く。
　・空調温度を調整し、光熱費の削減に努める。

7 考えてみよう（本文P.37）

Q1〈解　答〉

c

〈解　説〉

合名会社は無限責任のため、債務の返済義務があります。

Q2〈解　答〉

e

〈解　説〉

伝統を守り続けることは大切ですが、現状を維持し変わることを拒否するなどの保守的な考え方は、会社の発展につながりません。

7 ワーク（本文P.39）

1.〈解答例〉

項　　目	特　　徴
①株主	・株式会社に資本を提供するために、その会社の株式を購入した人または団体のこと。
②会社の活動	・「ヒト、モノ、カネ、情報」という経営資源を活用して、市場が求める製品やサービスをつくる。 ・サービスを提供することによって利益を得て、社会に貢献する。
③その他 （法的規制）	・会社は、「設立→運営→解散」のサイクルを、「会社法」に従って行う。 ・決算ごとに財務諸表（貸借対照表・損益計算書・キャッシュフロー計算書）を作成する。

〈解　説〉

「その他」として、次のようなこともあげられます。

　・「株式制度」…株主は、会社が得た利益のなかから出資の比率に応じて配当金を受け取る。

　・「株主の有限責任」…株主は、自ら出資した分だけの責任を負う。

2. 〈解　答〉

①管理者層
②監督者層
③一般社員層

3. 〈解答例〉

項　目	例
ヒ　ト	経営者、管理者、監督者、一般社員、お客さま、取引先
モ　ノ	原材料、製品、商品、工場や事務所などの建物
カ　ネ	資本、資金、収入、利益、借入金、寄付金
情　報	市場の情報、製品や技術に関する情報、同業他社に関する情報

8 考えてみよう（本文P.41）

Q1 〈解答例〉

・佐藤さんと中西さんの意見をよく聴いて、自分の意見と比較する。
・客観的に考えて、よいところを取り入れるようにする。

Q2 〈解答例〉

　職場におけるコミュニケーションは、仕事を円滑に進めるためのものであり、「仲よし」になるためのものではない。
　たとえば、相手が苦手な人だからといって、ほかの人に伝言を依頼するようなことはせず、直接話すようにする。

　〈解　説〉

　学生時代と異なり、苦手だから、嫌いだからといって、コミュニケーションをとらないわけにはいきません。人の好き嫌いを言って、ほかの人に手間をかけさせるようなことは、社会人として恥ずかしいことです。

　他の人に伝えてもらうようなことをしていては、社内のコミュニケーションは良好にはなりません。

8 ワーク（本文P.43）

1. 〈解　説〉

　仕事でのコミュニケーションとは、あくまでも仕事を円滑に進めて業績を向上させるためのものです。個人の仕事の成果が集まって積み重なり、会社の成果となります。したがって、個人の責任は大きなものになります。

　自分勝手に判断するのではなく、ほかの人の意見をよく聴き、積極的に協調していく姿勢が求められます。

2. 〈解答例〉

・学生時代、クラス全員で分担してシェイクスピアの原作を現代の口調に翻訳し、それを学園祭で演じて好評を得た。
・新入社員研修で、会社のホームページの原案作成を命じられた。新人10人が分担して、社内で取材したり、カメラで撮影したりして5日間で草稿をまとめ上げた。

9 考えてみよう（本文P.45）

Q1〈解答例〉

①服装

・今までどおり、基本はスーツを着用する。

〈解　説〉

　夏場はクールビス、冬場はウォームビズにする会社が増えましたが、改まったところへ訪問するさいには、スーツ（男性はネクタイ着用）にすると失礼がないという考え方もあります。

②言葉づかい

・堅苦しくならないように心がけながら、丁寧語を用いて話す。

Q2〈解答例〉

①どのように接するか

　差別はもちろん、区別することなしに接する。

②理由

　正社員と派遣社員・パート社員との違いは、雇用形態や勤務時間帯などが異なるだけである。同じ目標に向かって仕事をしているのだから、職場の同僚として接するべきである。

9 ワーク（本文P.47）

1.〈解答例〉

・取引先の名称
・新商品の開発状況
・人事に関すること
・取引条件や内容
・新規事業の予定の詳細
・社員の個人情報

2.〈解答例〉

項　　目	起こりうること
①顧客情報の場合	・同業他社に顧客を奪われる。 ・個人情報に類することもあり、お客さまに迷惑がかかる。
②社内の個人情報の場合	・思わぬうわさが広がり、信用を失うことにもなる。 ・犯罪などにつながることもある。

3.〈解　答〉

c、e

〈解　説〉

　　a…取引先の満足が第一であることはもちろんですが、マナーやルールに反することはしないようにします。

　　b…すべての取引先に公平に接するのは大切ですが、まったく同様にするのではなく、個々に応じた対応が必要です。

　　d…うわさ話も社内情報です。守秘義務を忘れないように注意しましょう。

4. 〈解答例〉

項　　　目	心　　　得
①取引先やお客さまに対して	・人間関係を円滑に保つためにもよい機会なので、なるべく出席するようにする。 ・招待を受けたあとは、忘れずに先方へお礼を伝える。 ・招待を受けたことへのお礼は、当日帰るときと、翌日早めに社用アドレスメールや電話などで伝える。 ・次回会ったさいに再度お礼を述べると、さらに丁寧になる。
②社内に対して	・必ず上司に伝えて承諾を得てから、会食の場に臨む。 ・招待を受けた翌日は、会食の様子をできるだけ早く上司へ報告する。
③自分の参加態度	・個人ではなく、会社の代表として参加する。 ・ハメを外すことなく、控えめな態度で臨む。 ・黙々と飲食するのではなく、楽しい雰囲気をつくるよう心がける。 ・相手の話をよく聴いてあいづちを打ったり、誰もが興味のあるような話題を出す。

10 考えてみよう（本文P.49）

Q1〈解答例〉

・午前8時45分ごろに出社する。

〈解　説〉

　時間の決まりはありませんが、午前9時には仕事にとりかかることができるように出社し、準備をしておきましょう。

Q2〈解答例〉

　仕事の進み具合を把握して、自分が休むことによって部署の人たちの負担が増えないかを確認する。迷惑をかけないようであれば、上司に相談したうえで休暇を取る。

Q3〈解答例〉

　周りの人に、手伝えることはないか確認し、何もなければ「お先に失礼します」とあいさつをして帰る。残業は経費の増加になり、できるだけしないことが推奨される。

10 ワーク（本文P.51）

1. 〈解答例〉

・休憩時間、休日と休暇について
・給与と支払いの方法、昇給について
・退職と解雇について
・賞与、最低賃金について
・安全衛生について
・職業訓練について
・災害補償と業務外の傷病扶助について
・表彰、懲戒について

2. 〈解答例〉

項　　目	影　　響
①人間関係	・マナーを守らないことは、相手への思いやりや気配りを欠くことになり、良好な人間関係を保つことができなくなる。
②チームの仕事	・ルールに反する行為をすることは、社内の「協働」や「協調」を乱すことになり、チーム目標の障害になる。
③その他 （信頼関係）	・ルールやマナーを無視した言動は、周りの人からの信頼を失うことにつながる。

3. 〈解答例〉

　ビジネスマナーとは、ビジネスをスムーズに展開するために必要とされる気配りや配慮の表れである。基本はコミュニケーションであり、仕事に対する意識や姿勢を具体化することが大切である。

〈解　説〉

ビジネスマナーは、仕事を円滑に進めるために不可欠なものであることを理解しましょう。

---

11 **考えてみよう（本文P.53）**

Q1〈解答例〉

・相手に自分の気持ちを伝える。

・相手に無視していないことを伝える。

・自分のことを知ってもらう。

〈解　説〉

職場には、さまざまな年齢や社会的立場の人がいます。区別することなく、良好なコミュニケーションを心がけましょう。

Q2〈解答例〉

方　　法	効　　果
①あいさつ	・コミュニケーションの第一歩となる。 ・相手を認め、自分も認めてもらうための第一歩となる。 ・人間関係を円滑にする。
②笑顔	・相手に好感を与える。 ・相手に敵意がないことを示す。
③その他 （聴く・話す）	・相手の意思や考えを知ることができる。 ・自分の意思や考えを相手に伝えることができる。
④その他 （表情・態度）	・あいづちやうなずきによって、相手に聴いていることを示せる。 ・身振りや手振りを交えて話すことにより、話し手の熱意や誠意を示せる。

---

11 **ワーク（本文P.55）**

〈解　説〉

他人に対する敬意を表しているかという点に注意してチェックしましょう。

●第2章

1 考えてみよう（本文P.59）

Q1〈解　答〉

a（3番目）　b（4番目）　c（1番目）　d（2番目）

〈解　説〉

基本的に、仕事の優先順位は納期から決定します。

Q2〈解　答〉

c

〈解　説〉

a…指示された順に仕事を処理するのではなく、重要度や緊急度を考えて行いましょう。

b…安易に他人を頼るのは、自分の役割や責任を放棄することになります。

1 ワーク（本文P.61）

〈解答例〉

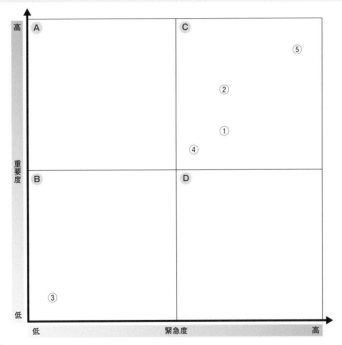

〈解　説〉

優先順位を付けることによって、計画を立てることができます。計画を立てることで、効率がよく正確な仕事をすることができます。

2 考えてみよう（本文P.63）

Q1〈解答例〉

①いつもどおりの顧客リストの追加入力

・追加する顧客情報を確認する。

・操作ミスのないよう注意して、迅速に作業を行う。

②B社の高田主任に新商品の見本を届けて、商品説明

・高田主任に電話して、面会のアポイントメントをとる。

・移動時間を考え、約束の時刻から逆算して、会社を出る時刻を決める。

・十分に商品説明ができるように、内容を再確認する。

③来月の特約店会議の案内文案の作成

・いつまでに文案を作成すればよいかを確認する。

・締切日から逆算して計画的に作業を行う。

④明日中に出すDMの封筒のあて名シールの作成

・発送先の名称、所在地、郵便番号を確認する。

・シールの必要枚数を確認し、予備を入れて準備する。

・作成時間を割り出し、今日または明日の計画のなかに組み込む。

⑤来週の営業会議で行うプレゼンテーション資料の作成

・プレゼンテーションの内容を確認し、資料の全体像を考える。

・資料の提出期限がある場合は日時を確認し、その日から逆算して計画的に作業を行う。

・会議までに出席者への配布分のコピーとプロジェクター使用のデータを用意する。

Q2〈解答例〉

納期から考えた緊急度や重要度により、優先順位を確認する。

2 ワーク（本文P.65）

1.〈解答例〉

・パソコンの入力や計算ミスをなくし、確実な仕事をする。

・定期的で、決まった仕事はパターン化する。

・よく使う文書（社内文書、社外文書）は、パターン化あるいはフォーマット化する。

・仕事の余裕があるときに、忙しくなるときに備えてできることを先にしておく。

・同じような内容の仕事はまとめて同時にする。

・今日しなければならない仕事は後回しにせず、今日中に終わらせる。

・つねに問題がないか考え、仕事をよりよくしようと努める。

2.〈解答例〉

・電話が鳴ったときには、すぐに手を止めて明るい声で電話に出る。

・来客に気づいたらすぐに立ち上がって、相手が声をかけやすいように、笑顔で明るく「いらっしゃいませ」と言う。

3 考えてみよう（本文P.67）

Q1〈解　答〉

①目的　　②手段　　③効率　　④手順　　⑤納期　　⑥計画　　※④と⑤は順不同

Q2〈解　答〉

b、c、d、f、h

〈解　説〉

a…優先順位を考えて、緊急度や重要度の高いものから取りかかります。

e…あらかじめ定められた納期は変更することはできません。仕事は、与えられた時間と条件で責任をもって完了しなければなりません。ただし、状況によっては、早めに変更可能かを確認し、交渉することも必要です。

g…指示された順ではなく、優先順位を考えて緊急度や重要度の高いものから処理していきます。

i…効率を上げるためにも、パターン化、フォーマット化できるものはしたほうがよいです。

3 ワーク（本文P.69）

〈解答例〉

9:00	〈課内打合せ〉
10:00	・A工業に提出する見積書を作成する。 ・代理店向け体験セミナーの案内状をパソコンで作成する。
11:00	・課長のチェックを受ける。 （作成した見積書と案内状）
12:00	昼食休憩
13:00	・代理店向け体験セミナーの案内状を100部印刷する。 ・代理店100社のあて名を検索する。
14:00	・あて名をシールに印刷する。 ・封筒にシールを貼る。
15:00	・A工業に提出する見積書を先方の要望にもとづきデータ送信または郵送する。 〈課長：営業会議出席〉
16:00 17:00	・通常業務に取り組む。

〈解　説〉

　緊急度や重要度を考えて組み立てます。また、課長の確認が必要なものは、課長のスケジュールを把握したうえで、自分のスケジュールを組みます。

4 考えてみよう（本文P.71）

Q1〈解　答〉

a、b、d、e

〈解　説〉

　c…まず、会社の目標や方針があり、それが部門目標に細分化され、さらに個人目標に振り分けられます。

Q2〈解答例〉

　会社全体の目的・目標を達成することが、個々の「仕事」の目的となる。

Q3〈解答例〉

・計画を立てることにより、仕事の全体像を把握することができるから。
・計画に沿って仕事を行うことで、正確に確実に進めることができる。
・計画に沿って仕事を行うことで、ミスも防げる。

〈解　説〉

　計画を立てることは、効率よく仕事を進めるうえで不可欠のものです。

1. 〈解　答〉

a：目標　　b：目的

2. 〈解　答〉

a：達成している　　b：未達成である　　c：未達成である

〈解　説〉

b…目標は、良品の生産量を先月の2倍にすることでしたが、1.33倍で未達です。

c…目標は、今月の不良品の発生を先月の半分（25個）に減らすことでしたが、今月の不良品は80個で未達です。

3. 〈解　答〉

b　【理由】〈解答例〉

「先月の２倍の生産量を上げるということ」とは、すなわち「30,000個にする」という明確な数値目標があるから。

4. 〈解答例〉

○○資格の取得をめざし、受験日から逆算して６か月前に計画を立てた。問題集を購入し、３度繰り返して学習するように毎日のページ数を設定して取り組んだ。どんなことがあっても決めたページ数は必ず行うよう努めた。その結果、試験に合格し資格を取得することができた。

〈解　説〉

目標は努力すれば達成できる基準に設定しましょう。計画を立てたら、必ず実行することです。実行の段階で、計画どおりに進行しているかどうか点検し、遅れているようであれば実行の方法を改善して、計画どおりに進むようにしましょう。

5 考えてみよう（本文P.75）

Q1〈解答例〉

	日常業務	非日常業務
仕事の手順	（決められたものがある　　　）	そのつど異なる
創造力の必要性	少ない	（多い　　　　　　　　　　　）
判断力の必要性	（少ない　　　　　　　　　）	多い
前例	前例があり参考になる	（前例が少なく参考にできない）
マニュアル	マニュアル化しやすい	（マニュアル化しにくい　　　）

Q2〈解　答〉

c、d

〈解　説〉

a…会社の基本的な活動は、日常業務から成り立っています。したがって、日常業務を中心に組み立てるのが一般です。

b…クレームや事故は、マニュアルどおりに処理できないことのほうが多いものです。場合によっては、マニュアルに記載されていないことも生じます。マニュアルに記載されていることを基本に、その場に応じて処理することが求められます。

e…あらかじめ決められた手順がある日常業務は、それに従って進めていかなければなりません。

5 ワーク（本文P.77）

1.〈解答例〉

・クレームに対応する。
・緊急会議の会場の設営やオンライン会議の設定をする。
・新規取引企業の情報を収集する。
・災害や事故によるシステム不具合に対応する。
・急な問い合わせや予定していなかった依頼に応える。

2.〈解答例〉

①衣料品販売店の接客マニュアルの場合
・スタッフの応対レベルの統一ができる。
・もれのない対応ができる。
・お客さまへの対応がよくなり、お客さま満足につながる。
・お客さまに気持ちよく買い物を楽しんでもらえる。
・対応スキルや知識が高まることによって、売上増加につながる。
②工場の作業マニュアルの場合
・工場内が整理整頓される。
・事故を未然に防ぐことができる。
・工員が業務の流れを理解することができる。
・在庫不足やムダを省くことができる。
・ミスが少なくなり、コスト削減につながる。
・効率よく、ムダのない動きができる。
・トラブル発生時に、原因が発見しやすい。
・均一化された製品づくりができる。

6 考えてみよう（本文P.79）

Q1〈解答例〉

①指示の内容をメモしている。
②指示の内容について、メモを見ながら復唱して確認している。
③「はい、承知しました」「はい、かしこまりました」と、理解できたということを言葉で表現している。

Q2〈解　答〉

①返事　　②筆記用具　　③メモ　　④あいづち　　⑤質問　　⑥意見
⑦優先順位　　⑧確認　　⑨積極的

6 ワーク（本文P.81）

〈解答例〉

①会議について
　・会議の開始時間
　・参加者数
　・会議の実施場所

②資料について
　・原紙の枚数
　・配布数、配布先
　・配布の方法（印刷コピーか、データ配信か）
　・コピーの場合の形式（サイズ、片面・両面、綴じ方）
　・プロジェクターやパソコンなど、機器の使用有無
③その他
　・コピーした資料であれば、「何時までに」仕上げ、その後、「どこに」また「誰に」渡すのか（会議開始10分前までに、会議室に持っていき、司会者に渡すなど）

7　考えてみよう（本文P.83）

Q1〈解答例〉

・聞かれる前に、できるかぎり迅速に、タイムリーに報告する。
・指示を出した人に報告する。
・悪い状況ほど早く報告する。
・こまめに報告する。
・仕事に関することは、小さなことでも自分で判断せず報告する。
・口頭で報告する場合、次のことに注意する。
　・5W3Hに従って、メモを作ってから報告する。
　・結論を先に述べ、後から経過や状況を説明する。
　・事実と自分の意見や推測と区別し、事実は客観的に報告する。
　・複数のことを報告するときは、重要度や緊急度の高い順から行う。
　・数値などは具体的に示す。

〈解　説〉
　報告のさい、「たぶん、大丈夫でしょう」「何とかなると思います」「たいしたことはないでしょう」などの発言は厳禁です。

Q2〈解答例〉

・仕事の途中でも、必要な場合は関係する人や部署に必ず連絡する。
・後回しにせず、迅速に連絡する。
・用件は、メモやメール、メッセージツールを使って確実に伝える。
・連絡したい相手が不在の場合、次のことに注意する。
　・メモを机の上などに置き、後ほど、相手がそのメモを見たかどうか必ず確認する。

Q3〈解答例〉

・問題を整理して自分の考えをまとめる。
・相談する相手のタイミングを考える。
・積極的に質問して、ヒントをつかむ。

7　ワーク（本文P.85）

1.〈解答例〉

・〇月11日（水）14時に面談可能。
・高山さまは、〇月10日まで担当の催しのため、時間に余裕がない状況。

2. 〈解答例〉

- ・結論から述べていない。
- ・伝え方が簡潔でない。
- ・だらだらとしていてわかりにくい。
- ・電話のつながらなかった経緯と、自分の憶測が混ざっている。

3. 〈解答例〉

A社の高山さまは、〇月11日（水）の午後2時にお会いできるとのことでした。ご担当の催しがあり、お忙しくなさっているのですが、〇月10日に終了するそうです。

〈解　説〉

伝言のさい数字などの誤解をなくすためには、相手の言った内容を、言い方を変えて伝えます。

8 考えてみよう（本文P.87）

Q1〈解　答〉

c

〈解　説〉

a…新人であるなしに関係なく、議題についてよく考え、意見をはっきりと述べましょう。

b…意見を述べるのはよいことですが、周りの状況を見てから発言しましょう。

d…疑問点は、その議題について論議されているときに質問しましょう。次の議題に進んでから思い出したものは、発言の機会がくるのを待って質問しましょう。

e…理解してもらえないのは、論理的な話し方がなされていないからかもしれません。何度も同じことを繰り返すのではなく、「主張（結論）→論拠」の順に整理してから述べましょう。

Q2〈解　答〉

c、e

〈解　説〉

a…自宅でも、カメラに写らなくても、身だしなみは整えて仕事をします。カメラに写る背景にも注意しましょう。

b…声が聞き取りにくいだけではなく、情報漏洩の危険性のある環境での交信は避けます。

d…対面の会議と同じく、真摯な態度で参加しましょう。

8 ワーク（本文P.89）

1. 〈解　説〉

会議の場でも、「協調」の意識と姿勢が求められます。ただし、ほかの人の意見を黙って聞いているだけではなく、自分も積極的に発言するよう心がけましょう。

2. 〈解答例〉

「（今のご意見についてですが、）確かに、おっしゃるとおりだと思います。しかし、今のご意見には、実行できる部分とできない部分があります。

人が集まり目も引くので、宣伝効果はあると思いますが、会場までの運搬方法や必要時間を考えると、コストがかかりすぎ、利益のうえでも無理があるのではないでしょうか」

〈解　説〉

反対意見の発言のポイントとして、次のことを押さえておきましょう。

・最後まで相手の意見を聴く。

・いきなり反論せず、相手の意見を認めたうえで発言する。

・反論ポイントを明確にし、自分の意見の優れている点をはっきり示す。

・ほかの可能性も認めながら、自分の意見を主張する。

・言い合いは避ける。

・判断は司会者の取り計らいに任せる。

9 考えてみよう（本文P.91）

Q1〈解 答〉

a、b、c

〈解 説〉

d…送信したパソコンから表面上は削除できますが、送ってしまったものを取り消すことはできません。間違って送信したときは、すぐに上司に報告しましょう。相手に迅速丁寧に謝罪のメールを送ることが重要です。

Q2〈解 答〉

a

〈解 説〉

b…ウイルスソフトはつねに更新しなければなりません。

c、d…不審なメールは、基本的には開封せずに削除します。ただし、初めてメールを送信してきた人の可能性もありますので、「プロパティ」で確認しましょう。

9 ワーク（本文P.93）

〈解答例〉

宛　先：	Saburo Tanaka
件　名：	新製品発表会のご案内

株式会社ABC産業　総務部
部長　田中　三郎　様

いつもお世話になっております。
さて、このたび小社では新製品発表会を開催いたします。
案内状を添付しますので、お目通しください。
お忙しいとは存じますが、何卒よろしくお願い申し上げます。

※署名欄省略

〈解 説〉

・詳細はメール本文ではなく、添付ファイルにまとめましょう。

・署名欄には、最低限、社名、部署名、氏名、連絡先が必要です。連絡先にメールアドレス、ＵＲＬを加えることもあります。

●第3章

Q1〈解　答〉

c、d

〈解　説〉
c…適切な表記は「課員各位」です。
d…適切な表記は「川田協同組合　　松永雅哉　様」です。

Q2〈解答例〉

```
                                                    ○○年3月10日

   課員各位

                                          企画課長　山田博史


                        「親睦会」について

    標記の件、課員の親睦のため、下記のとおり開催します。ふるってご参加ください。


                              記


    1．日　　時：4月9日（土）9：00～16：00（予定）
    2．行　き　先：みなと○○公園
    3．参加費用：2,000円（バス代・昼食代含む）
    4．申込締切：3月30日（水）

   なお、申込みは、費用を添えて山本までお願いします。集合時間と場所等詳細につ
   いては、参加申込者に追ってご連絡します。

                                                    以上
                                          担当：山本
```

〈解　説〉
波線部分が修正例です。企画課内での行事なので、各自工夫し、情報は必要最小限度にまとめましょう。

1.〈解答例〉

NO.１２３４５
○○年11月16日

ＸＹＺ物産株式会社
営業課長　北里　孝弘 様

株式会社ＡＭＩ機械工業
課長　南谷　良太郎

お見積書の送付について

拝啓　ますますご健勝のこととお喜び申し上げます。平素は格別のお引き立てにあずかり、厚く御礼申し上げます。
　さて、11月12日付けにてご依頼の見積書をお届けいたします。よろしくご検討ください ますようお願い申し上げます。
　　　　　　　　　　　　　　　　　　　　　　　　　　　　　　　　　　　　敬具

記

ＥＫ－２型　御見積書　　１通

以上

〈解　説〉
波線部分が修正例です。社外文書なので、社内文書より丁寧にしましょう。

2.〈解答例〉

①各位　　②営業部長　篠田一雄　　③新商品展示会のご案内　　④拝啓　　⑤さて
⑥つきましては　　⑦万障お繰り合わせのうえ　　⑧敬具　　⑨日時　　⑩場所（会場）
⑪添付資料　　⑫以上　　⑬担当　営業部〈自分の名前〉

Q1〈解答例〉

①ビジネス文書の書き方
　結：ビジネス文書では、先に結論を述べる。
　起：次に、経緯や理由などを説明する。
　承：最後に、自分の意見や所感を述べる。

　〈解　説〉
　このような記述により、筋道の明確な文章になります。

②どうして違うのか
　　ビジネス文書の目的は、情報を正しく早く伝えることにあり、素材を発展させる「転」は必要がないから。

Q2〈解　答〉

ｂ、ｄ

　〈解　説〉
　ａ…わかりやすくするために、１つの文書には１つの用件にします。
　ｃ…ビジネス文書の目的は、情報を正しく伝えることにありますから、論旨を明確に述べることが重要です。

2 ワーク（本文P.103）

〈解答例〉

①総務部総務課　課長　山上圭吾　様　　②総務部総務課〈自分の名前〉
③下記のとおりご報告いたします。　　④○○年10月5日（水）13：00〜17：00
⑤ビジネス研修センター　A教室　　⑥敬語の使い方、電話応対の基本、来客応対の基本
⑦武田一郎　先生
⑧　　・尊敬語と謙譲語の作り方と使い方
　　　・感じのよい電話の受け方とかけ方の手順と話し方
　　　・電話の取り次ぎ方
　　　・名指し人がいないときの伝言メモの書き方
　　　・来客応対の言葉づかい
　　　・来客の出迎えと案内
　　　・応接室での席次
　　　・見送り
　　　・名刺交換と紹介
⑨　　今まで、ビジネスマナーについて正式に習ったことがなく、自己流で応対をしていました。自分ではよいと思っていたことにも、今回の研修で間違っている点を多く発見しました。
　　たとえば、謙譲語と尊敬語を取り違えて使っていたり、席次の知識が間違っていたりと、お客さまに対して失礼な言動をとっていたことに気づきました。
　　今後は、今回学んだことを確実に実行して、お客さまに失礼のない応対をするよう心がけます。
⑩　　以上

3 考えてみよう（本文P.105）

Q1〈解答例〉

伝票名	内　　容
見 積 書	商品やサービスの内容と価格を示すもの
請 求 書	商品代金の支払いを請求するもの
領 収 書	代金を受け取ったことを示すもの
発 注 書	商品やサービスを注文することを示すもの
受 注 書	商品やサービスの注文を受けたことを示すもの
納 品 書	商品やサービスを納めたことを示すもの

Q2〈解　答〉

b、c

〈解　説〉

a…発注書には、会社の代表者の氏名は不要です。
d…契約の成立を目的として作成した文書には、契約金額に応じた収入印紙が必要です。

〈解答例〉

御 請 求 書

請求書番号:1234
20XX年 0月 0日

株式会社ＹＹ機械工業　　御中

ラッキー産業株式会社
東京都港区○○1丁目
登録番号:T×××××××××××××

件　　　名　　AB100型およびCD50型の件

下記の通り、ご請求申し上げます。

ご請求金額　　１１５，５００円

○月○日までに下記口座へお振込みをお願いします。

○○銀行○○支店　　普通98765432　名義:ﾗｯｷｰｻﾝｷﾞｮｳｶﾌﾞｼｷｶｲｼｬ

項目	作 業 概 要	数 量	単 価	金 額
1	AB100型	1 0	5,600	56,000
2	CD 50型	5	9,800	49,000
	以下余白			
		税抜額		105,000

	消費税	10%	10,500
		8%	0
		消費税額	10,500

	合計額	115,500

※実際の消費税率に従ってください。

●第4章

Q1〈解　答〉

	情報量	速報性	視覚性	客観性	保存性
インターネット情報	○	○	○	×	△
マスメディア情報	△	○	○	△	×
人的情報	×	×	×	△	×
現場情報	○	×	△	○	△

〈解　説〉

　新聞・テレビ・ラジオのマスメディア情報は、発信元の考え方により客観性に差があります。口コミなどの人的情報は、さまざまな内容を知ることができる点で役立ちます。

Q2〈解　答〉

ａ、ｂ、ｃ

〈解　説〉

　ｄ…ブログやＳＮＳは、客観性の点では優れているとはいえない面があります。このため、情報収集にふさわしいものではありません。

---

1 ワーク（本文P.113）

1.〈解　答〉

(1)「○○君が、今朝も遅刻したのは、きっと、夕べも、いつものように遅くまでテレビを見ていて、朝寝坊したからですよ」

(2)「Ａ社が新規事業に乗り出すのは、既存の製品ではマーケットのニーズに合わなくなったからではないでしょうか。中心的な製品であるＣ型の売上は、昨年に比べて15％下回っています。また、生産ラインの稼働率も80％に落ちています」

〈解　説〉

　下線部分以外は、話し手の推測や意見です。

2.〈解　答〉

(1) 情報伝達　　(2) 主張

---

2 考えてみよう（本文P.115）

Q1〈解答例〉

・「どこの会社も経費の削減をしていてなかなか予算が出ないため、新規の受注がない」という事実を伝えているから。

・「○○社が類似商品を通常の1割引で営業している」と、具体的な数字をあげているから。

Q2〈解答例〉

　質問は、「あなたの考えを聞かせてください」ということだが、応募者は、単に状況を説明しているだけで、自分の意見を述べていない。

〈解　説〉

　自分の考えがなければ、説得力のある回答にはなりません。

1.〈解答例〉

(1)「プラス思考人間」であることを示す根拠（理由、説明）がない。

〈解　説〉

「プラス思考人間」であることを示す論拠として、「たとえ自分の思うようにはいかないことが起こっても、いろいろな見方をし、前向きに受け止めています」ということについて、自分の体験を具体的に述べることが必要です。

また、「よりよい自分をめざして、毎日生活しています。自分を含め、人に対してまっすぐに向き合っており、明るく笑顔で生活しています」ということについても、具体例やエピソードが必要です。

(2) 結論（主張、自分の伝えたいメッセージ）がない。

〈解　説〉

このままでは、何を主張したいのか不明です。体験を通じて何を得たのか、どのようなことを学んだのか、自分はどのように成長したのかなどについて述べると、主張と論拠が揃います。

2.〈解答例〉

(1)「仕事のできる人はかっこいい」という前提自体が、必ずしもそのとおりとはいえない。また、「Kさんはかっこいい」というのも客観的な事実ではない。このため、結論は正しいとはいえない。

(2) Aさんと同じような経験をしても、「必ずY社に転職する」ということは断言できない。

〈解　説〉

(2)の場合、「Y社に転職するかもしれない」「Y社に転職する可能性がある」という表現であれば正しいといえます。

3.〈解答例〉

「営業担当者個々の能力を引き上げる」ことは早急にできることではない。また、「当社の商品ラインアップを見直し、分野別の弱点を洗い出す」ことは、早急にという課長の指示に合う回答ではない。

さらに、「戦略的な営業施策」というのは、具体性に欠けた発言である。

〈解　説〉

実績が落ち込んでいる現状においては、紋切り型の評論家的な発言は許されません。ビジネスの場では抽象論や一般論ではなく具体論が求められます。

主張は、「思われます」ではなく、「重要課題です」「必要です」と断定しなければなりません。

Q1〈解答例〉

手法	特徴
①プロジェクター上映	・スクリーンや壁などどこにでも高画質の画像・映像を写すことができる。 ・多くの参加者に同時に見せることができる。 ・拡大やポインター操作、音声などの機能で説得力を高められる。 ・自由に記述できる。
②ホワイトボード記入	・補足説明時など、自由に記述することができる。 ・会議中に出た意見などを即座に記載して、共有することができる。
③資料配布	・参加者が手元で詳しい情報を見ることができる。 ・保管ができ、あとで内容を確認することができる。 ・プレゼンテーション以外の付加的情報を入れることができる。
④実演（デモンストレーション）	・実物などを提示し、実際に使用して見せることで疑似体験させられる。 ・実演することにより、信用性と記憶性が上がる。

Q2〈解答例〉

	注 意 点
内容	・テーマにもとづき、相手が求めていることを理解したうえで話す。 ・例などを用いてわかりやすく話す。
態度・表情	・礼儀正しい態度と明るい表情で話す。 ・相手の様子や反応を確認しながら話す。
言葉づかい	・敬語を正しく用いて、丁寧な言葉づかいで話す。 ・相手の理解度に応じた言葉で話す。
発声・語調	・適度な音量で話す。 ・誠意と熱意が伝わる語調で話す。
話す速度	・相手が理解できる速度で、ゆっくりと話す。

3 ワーク（本文P.121）

1.〈解答例〉

人事・労務に関する法律の種類
　1．労働基準法（関連法）
　　・労災保険法
　　・労働安全衛生法
　　・雇用保険法
　　・男女雇用機会均等法
　　・育児・介護休業法
　　・労働者派遣法
　2．労働組合法
　3．労働関係調整法

2.〈解答例〉

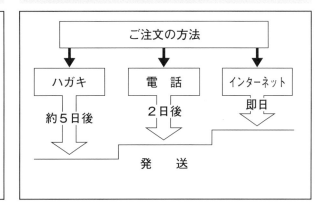

4 考えてみよう（本文P.123）

Q1〈解　答〉

b、d、e

〈解　説〉
　a…原因を追究して、「なぜ、そうなるのか」という観点から改善を進めることが重要です。
　c…仕事には、隠れた問題もあります。したがって、仕事に問題点があるという観点から現状を見直すことが必要です。

Q2〈解　答〉

①問題　　②全体　　③省力　　④目標　　⑤ムダ　　⑥応用

4 ワーク（本文P.125）

1.〈解答例〉

・今年度の半期末における売上は、前年対比85％で、今期の前期目標の71％であり、今年度の半期末における利益も前年対比40％しか達成できていない。
・顧客アンケートに不満の声が見られる。

2. 〈解答例〉

・スタッフのお客さまに対するマナーを向上する。
・お客さまへの迅速な対応を行う。
・品質のよさをアピールする。
・経費削減を再検討する。

5 考えてみよう（本文P.127）

Q1 〈解　答〉

①現実　　②量　　③優劣　　④情報　　⑤ニーズ　　⑥データ　　⑦メリット
⑧デメリット　　⑨問題　　⑩採算　　⑪立場　　⑫簡潔　　⑬インパクト

※⑦⑧は順不同

5 ワーク（本文P.129）

〈解答例〉

（1）自分の誇れるところ／自分の優れているところ
　　いろいろなアイデアを生み出すことが得意である。

（2）「自分の誇れるところ／自分の優れているところ」を活かして成果を上げたこと
　　レンタルビデオショップのアルバイトで販売促進の企画を考えた。
　　新作ビデオに関連のある旧作やパンフレットをコーナーに並べ、簡単な解説を書いて掲示した。また、その店は書籍も扱っているので、原作本や関連図書も設置した。その結果、新作の貸出しとともに旧作の貸出しも増え、関連書籍も売れた。

（3）上記（2）の体験から学んだこと
　　プラスアルファの「価値」を付け加えれば、お客さまに満足していただけ、収益も大きくなることを学んだ。

（4）「自分の誇れるところ／自分の優れているところ」は、今後の仕事でどのように活かすことができるか
　　レンタルビデオショップのアルバイトで販売促進の企画を考えた。手書きの解説は好評であり、新作とともに旧作の貸出しも増え、関連書籍も売れ、店全体の売上が毎月平均で前年を５％前後上回った。プラスアルファの「価値」を加えれば、お客さまに満足していただけ、収益も大きくなることを学んだ。
　　いろいろなアイデアを生み出すことは、仕事の「付加価値」向上のために求められる。自分の能力を大いに活かしたい。

　　〈解　説〉
　　社会人の場合…自分の担当する仕事に即して考えてみましょう。
　　学生の場合……授業や講義で学んだこと、研究活動、クラブ・サークル活動、将来の夢、アルバイトから学んだこと、ボランティア活動、家族や友人とのかかわり、趣味や打ちこんだこと、本を読んで考えたこと、性格などから考えてみましょう。

6 考えてみよう（本文P.131）

Q1〈解答例〉

お客さま：商品・サービスを購入または利用するかどうかわからない「不特定多数の人」
　　　　　を指す。

顧　　　客：商品・サービスを「購入または利用してもらったお客さま」を指す。

〈解　説〉

顧客は、得意客、リピーターなどということもあります。

Q2〈解　答〉

①ニーズ　　②満足　　③ターゲット　　④職業　　⑤居住地域　　⑥年齢　　⑦購買量
⑧他業種　　　　　　　　　　　　　　　　　　　　　　　　　※④⑤⑥は順不同

6 ワーク（本文P.133）

〈解答例〉

商品・サービス名	ヒットの理由
スマートフォン	・単なる通話・通信機能だけではなく、カメラ、音楽、お財布、辞書などの多種多様の機能をもつ。 ・アプリが普及し、性能がどんどん進化した。 ・インターネットに接続することができる。 ・情報発信できるさまざまなSNSが出現した。
ドライブレコーダー	・事故やトラブルの証拠や被害への抑止力に期待された。
音楽ストリーミングサービス	・定額制の聴き放題で、CD不要の利便性がある。
フードデリバリー	・ネットの注文で配達され、飲食店とメニューも豊富である。

〈解　説〉

上記のように、身の周りのものから考えてみましょう。

7 考えてみよう（本文P.135）

Q1〈解　答〉

①売上高　　②価格　　③宣伝　　④営業　　⑤仕入れ価格　　⑥品質　　※③④は順不同

Q2〈解　答〉

①広告宣伝　　②給与　　③コスト

7 ワーク（本文P.137）

1.〈解答例〉

（15万円＋5万円）÷{1－（300万円÷500万円）}＝20万円÷（1－0.6）＝50万円

　よって、この会社の損益分岐点は50万円となり、毎月50万円以上の売上があれば、利益がプラスになる。

2. 〈解答例〉

　損益分岐点は、損失も利益も出ない売上高、つまり、利益がゼロとなる売上高ということができる。損益分岐点の売上高よりも売上高が上回れば利益が生まれ、下回れば損失が発生する。したがって、**損益分岐点は低ければ低いほど利益が増え、経営は安定する**といえる。

〈補　足〉

　変動費は、売上にほぼ比例して増加しますが、固定費は売上とは関係なくかかるものです。固定費を売上でカバーすることにより利益が生まれます。
　損益分岐点を低くするには、まず、変動費を下げることがあげられます。たとえば、原材料や物流の費用を削減すると変動費は下がります。また、固定費を削減することによっても損益分岐点を低くすることができます。固定費を削減するには、リストラクチャリング（事業の再構築）が求められます。具体的には、非正社員の雇用や業務の外注などがあります。

8 　考えてみよう（本文P.139）

Q1〈解　答〉

c

【理由】〈解答例〉

　売上が増加している理由として、顧客数が増加していたり、販売シェアが拡大していたりすることが考えられる。また、経常利益が増加しているので、原価や販売費などを低く抑えたり、株の配当や利息、為替差益などの営業外収益が増加していたりすることが考えられる。
　したがって、経常利益が増加し、売上も増加している「c」がもっとも経営状態がよいといえる。

Q2〈解　答〉

a、b

〈解　説〉

a…社員が増えるということは、事業活動が拡大していることを表しています。
b…新規事業に乗り出すということは、経営基盤がある程度しっかりしている場合が多いものです。
c…給与が払えないようでは、経営状態がよいとはいえません。
　　融資を受けるためには審査があり、基本的には、経営状態が悪いと受けることができません。消費者金融から借金をすることは、審査による借入れができないほど経営状況が悪化しているといえます。

8 　ワーク（本文P.141）

1. 〈解　答〉

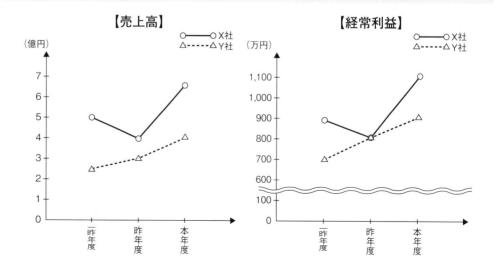

2.〈解 答〉

（Ｙ社）

【理由】〈解答例〉

・売上高と経常利益ともに毎年伸びている。また、この先も伸びると考えられる。

・毎年の利益率は、Ｙ社のほうがＸ社よりも高い。たとえば、昨年度の売上は、Ｘ社4億円・Ｙ社3.5億円だが、ともに経常利益800万円である。

・社員一人あたりの生産性は、Ｙ社のほうがＸ社よりも高い。たとえば、昨年度は、Ｘ社は200人、Ｙ社は150人で、ともに経常利益800万円である。

・Ｙ社のほうが借入金の額がＸ社よりも少なく、自己資本が多い。

・Ｙ社のほうがＸ社よりも資本回転率が高い。

〈解 説〉

社員一人あたりの生産性は、売上高、経常利益を社員数で割ることにより算出されます。

9 考えてみよう（本文P.143）

Q1〈解答例〉

部署名	役 割
①人材開発室	・社員の能力向上のための教育企画を立案する。 ・教育企画を実施して社員の成長を促し、組織全体の発展につなげる。
②経営企画室	・会社の基本方針の策定を行う。 ・企画の調整、予算の統括に関する業務を行う。
③広報室	・商品や事業活動の様子を広く社内・社外に知らせる。
④法務室	・社会的責任を意識したコンプライアンス（法令順守）に取り組む。 ・ガバナンス（企業統治）を徹底する。 ・法律にかかわる案件を担当する。

〈解 説〉

会社によって、部門名や業務内容の区分が異なる場合もあります。

Q2〈解 答〉

b、c

〈解 説〉

a…社員の社会保険の手続きなどには、社員の住所や氏名などが必要であり、社会保険労務士には、守秘義務に関して契約を取り交わし、情報を伝えます。

b、c…個人の知らないところで、個人情報を第三者に知らせるのは法に反します。

9 ワーク（本文P.145）

1.〈解 答〉

a…「若手」「女性に限る」という点

b…「営業マン」「若手女性」という点

c…「営業レディ」「若い方」いう点

d…「容姿のよい方」という点

2.〈解　答〉

　a〜dは、すべて「通常使用において」トラブルが発生したことのため、製造者側に問題があるとされます。

10 考えてみよう（本文P.147）

Q1〈解　説〉

　働くことは、商品やサービスの提供を通じて社会に影響を与えることを認識しなければなりません。自分の権利を主張するだけではなく、義務を果たし、ほかの人の権利を侵すことのないよう心がけましょう。

Q2〈解　答〉

a、b、c、d

〈解　説〉

a…「道路交通法」においての義務違反であり、コンプライアンス違反です。

b、c…「食品衛生法」に反する行為です。

d…道徳上の問題で、信頼関係を揺るがすことにもなります。

e…マナーに反する行為ですが、コンプライアンス違反とはいえません。

10 ワーク（本文P.149）

1.〈解答例〉

・企業の存在意義を忘れ、自社の利益のみを追求しているから。

・消費者やマーケット、取引先の事情や状況を考えていないから。

〈解　説〉

　上記のほか、CSR（企業の社会的責任）やコーポレートガバナンス（企業統治）の不在もあげられます。法や企業倫理に反する行為を行う会社は、社会における存在価値を自ら放棄していることになります。

2.〈解答例〉

・会社や公的機関の不祥事が頻繁に起こり、消費者や社会からの信頼が揺らいでいるから。

・不祥事の防止と信頼の回復により、皆が安心して生活できる環境が求められているから。